JN415783

오해와 편견 그리고 개선책

퇴직연금 구하기

오해와 편견 그리고 개선책

퇴직연금 구하기

초 판 인 쇄 | 2017년 2월 6일
초 판 발 행 | 2017년 2월 17일

지 은 이 | 김 창 희
펴 낸 이 | 김 남 진
펴 낸 곳 | (주)중앙경제
편집·디자인 | 한 지 희

주 소 | 서울시 중구 다산로 11길 19(신당2동 355-8)
백석빌딩 신관 4층
전 화 | 02-2231-7293
팩 스 | 02-2235-5344
홈 페 이 지 | www.elabor.co.kr
출 판 등 록 | 80. 6. 21 제2-66호

I S B N | 978-89-7017-368-9 (93330)
정 가 | 18,000원

※ 이 책자는 저작권법에 따라 보호받는 저작물이므로 무단전재와 복제를 금지합니다.
※ 잘못된 책은 교환하여 드리며, 글쓴이와 협의에 의하여 인지를 생략합니다.

오해와 편견 그리고 개선책

퇴직연금 구하기

퇴직연금에 대한 불편한 진실을 파헤쳤다.

김 창 희

그 동안 제대로 따져보지 못한채 의사결정에 결정적 역할을 했던
퇴직연금을 둘러싼 7가지 편견들의 진실이 공개됩니다.

(주)중앙경제

머리글(이 책의 구성과 보는 방법)

제가 전국사무금융노동조합연맹 정책기획실장을 맡았던 2000년대 초중반 시절 가장 중요한 노동입법과제는 두 가지였습니다. 주40시간 제도와 퇴직연금 제도입니다. 주40시간 제도는 2004년에 처음 시행되었고 퇴직연금 제도는 2005년 말에 처음 시행되었습니다. 10여 년이 지난 지금 노동시간 단축을 위한 주40시간 제도는 양대 노총을 비롯한 노동계의 주도적 역할과 기업들의 인사노무관리 합리화 노력, 정부의 기초고용질서 확립 노력에 힘입어 산업현장에서 상당히 안정적으로 정착되었습니다. 이제는 '부정청탁 및 금품 등 수수의 금지에 관한 법률'(일명 '김영란법')의 시행과 더불어 '저녁이 있는 삶'을 꿈꾸는 단계로 나아가고 있습니다.

반면 퇴직연금 제도는 정부와 퇴직연금사업자인 금융업계가 그 도입과 운영을 주도했습니다. 기업들은 퇴직부채충당금에 대한 손비인정 세제의 변화 속에서 퇴직연금 도입을 검토했습니다. 퇴직연금의 실질적인 가입자이자 최종 수익자인 근로자를 대표하는 노동계의 주도적 역할은 사실상 없었습니다. 퇴직연금은 고령사회의 문턱에서 근로자 생애복지를 강화하고 인적자원관리의 경쟁력 창출 요인이 될 수 있음에도 불구하고 퇴직연금의 핵심적인 이해관계자인 기업과 노동계 모두 수동적이고 소극적인 역할에 머물렀습니다.

퇴직연금을 그 실질적인 가입자이자 최종 수익자인 근로자 관점에서 올바로 정착시켜야만 근로자의 안정적인 노후생활 보장, 금융 산업의 건전하고 지속적인 발전, 정부의 감독·규제 비용의 완화를 동시에 달성하고 우리 사회를 노인빈곤과 장수위험으로부터 자유로운 지속가능한 사회로 거듭나게 할 수 있습니다.

이 책은 산업별 · 지역별 · 기업별 등 다양한 노사관계 속에서 경영계와 노동계, 중앙 정부 및 지방자치단체의 정책 담당자들에게 실천적인 영감을 주기 위한 목적으로 썼습니다. 퇴직연금사업자인 금융업계에 종사하는 분들에게도 많은 도움이 될 수 있기를 기대합니다. 특히 근로자들을 대표하는 양대 노총을 비롯하여 각 산별연맹 · 산별노조 및 기업별 노동조합 간부들에게 퇴직연금을 바라보는 올바른 관점을 제공하고 실천적인 노력을 기울일 수 있는 계기가 되기를 바랍니다.

이 책은 총 3개의 장으로 구성했습니다.

첫 번째 장은 퇴직연금 제도 도입 11년 동안 정부와 퇴직연금사업자인 금융업계가 주도하면서 발생한 문제점들을 아래의 7가지 핵심 주제로 정리했습니다.

1. 퇴직연금사업자만 배불리는 이중 수수료
2. 투자 위험 대비 낮은 수익률
3. 수익자(기업, 근로자)에게 불친절한 공시와 정보 제공
4. 투자특성 진단 소홀과 고위험 권유
5. 노후설계의 부익부빈익빈 심화
6. 과소·불완전 적립 검증 주체와 수단 미흡
7. 근로자 관점에서 보면 매우 부실한 가입자 교육

두 번째 장은 퇴직연금 제도 도입 11년 동안 퇴직연금의 핵심적인 이해관계자인 기업과 노동계에 만연했던 편견들을 아래의 7가지 핵심 주제로 정리했습니다.

1. DB형이 근로자 수급권과 위험 관리 측면에서 DC형보다 더 안전하다 (?)
2. DC형에 가입하면 임금인상분을 반영 못하니까 손해를 본다 (?)
3. DB형은 대기업·장기근속자·연공급제 근로자에게 적합하고, DC형은 중소기업·저연령자·성과급제 근로자에게 적합하다 (?)
4. 퇴직연금사업자를 잘 골라서 계약해야 퇴직연금이 더 안전하다 (?)
5. 근로자는 자발적 추가납입 시에만 퇴직연금사업자에게 수수료를 부담한다 (?)
6. 선진국 퇴직연금은 위험자산인 주식투자 비중이 높아서 수익률이 높다 (?)
7. 퇴직연금은 공적 연금인 국민연금을 약화시킨다 (?)

세 번째 장은 퇴직연금 제도 도입 초기의 문제점과 편견들을 극복하고 퇴직연금을 개선하기 위하여 기업과 노동계가 주도적으로 실천해야 할 과제들을 아래의 7가지 핵심 주제로 정리했습니다.

1. 초기업 단위로 퇴직연금을 어떻게 설계할 것인가
2. 퇴직연금사업자 및 퇴직연금 자산운용사와 무엇을 협상할 것인가
3. 단체교섭에서 무엇을 논의할 것인가
4. 근로자 전문교육기관을 어떻게 구성할 것인가
5. 퇴직연금운영위원회를 어떻게 운영할 것인가
6. 사회책임투자를 어떻게 도입할 것인가
7. 정부 및 국회와 더불어 개선할 입법과제들은 무엇인가

이 책의 주제 및 내용과 관련하여 다양한 논의가 활성화될 수 있기를 기대합니다. 퇴직연금의 모든 이해관계자들이 합리적인 토론과 성찰을 반복하는 과정에서 우리 사회가 보다 지속가능한 사회로 나아갈 수 있는 실천적인 지혜를 모아낼 수 있기를 바랍니다.

마지막으로 이 책을 내기까지 물심양면의 지원을 아끼지 않은 노무법인 사람의 가족들과 출판사 여러분께 감사드립니다.

2017년 1월

지은이 **김 창 희** 올림

Contents

제1장
퇴직연금 도입 11년, 핵심 문제 7가지 들여다보기

1 퇴직연금사업자만 배불리는 이중 수수료 … 21

1) 퇴직연금 제도의 운영구조 개요
2) 계약형 퇴직연금 제도의 수수료 구조와 문제점
3) 어떻게 개선할 것인가?
4) 기금형 퇴직연금이라면 어떤 변화가 일어날까?

2 투자 위험 대비 낮은 수익률 … 30

1) 퇴직연금 수익률의 실태
2) 낮아진 퇴직연금 수익률의 원인과 전망
3) 어떻게 개선할 것인가?
4) 기금형 퇴직연금이라면 어떤 변화가 일어날까?

3 수익자(기업, 근로자)에게 불친절한 공시와 정보 제공 … 45

1) 퇴직연금사업자별 수익률 공시의 실태와 활용의 문제점
2) 퇴직연금상품별 수익률 공시의 실태와 활용의 문제점
3) 어떻게 개선할 것인가?
4) 기금형 퇴직연금이라면 어떤 변화가 일어날까?

4 투자특성 진단 소홀과 고위험 권유 … 60

1) 퇴직연금 자산배분 결정을 위한 투자특성 진단 시 고려할 사항과 실태 및 문제점
2) 고위험을 권유하는 정부 정책의 실태와 문제점
3) 어떻게 개선할 것인가?
4) 기금형 퇴직연금이라면 어떤 변화가 일어날까?

Contents

5 노후설계의 부익부빈익빈 심화 … 80

1) 퇴직연금 도입 현황 및 수령 실태와 문제점

2) 어떻게 개선할 것인가?

6 과소 · 불완전 적립 검증 주체와 수단 미흡 … 84

1) 기초고용질서 취약 지역에서 발생하는 문제점

2) 어떻게 개선할 것인가?

7 근로자 관점에서 보면 매우 부실한 가입자 교육 … 88

1) 퇴직연금 가입자 교육의 실태와 문제점

2) 어떻게 개선할 것인가?

제2장
퇴직연금에 대한 편견 7가지 들여다보기

1 DB형이 근로자 수급권과 위험 관리 측면에서 DC형보다 더 안전하다 (?) … 101

1) 수급권의 안전성은 얼마나 완전적립 했는가에 달려있다

2) DB형이든 DC형이든 근로자는 결국 퇴직연금 자산운용의 위험을 부담한다

2 DC형에 가입하면 임금인상분을 반영 못하니까 손해를 본다 (?) … 106

1) 왜 OECD 국가들은 DB형에서 DC형으로 전환하는 추세인가?

2) 우리나라는 왜 DB형 적립비율이 높았을까?

3) DC형에서 매년 평균임금 12분의 1을 초과하여 적립할 수 있는 방법들

3 DB형은 대기업 · 장기근속자 · 연공급제 근로자에게 적합하고,
DC형은 중소기업 · 저연령자 · 성과급제 근로자에게 적합하다 (?) … 112

4 퇴직연금사업자를 잘 골라서 계약해야 퇴직연금이 더 안전하다 (?) … 115

1) 퇴직연금사업자인 금융회사가 폐업 · 도산한다면?

2) 퇴직연금 자산운용사인 금융회사가 폐업 · 도산한다면?

5 근로자는 자발적 추가납입 시에만 퇴직연금사업자에게 수수료를 부담한다 (?) … 119

6 선진국 퇴직연금은 위험자산인 주식투자 비중이 높아서 수익률이 높다 (?) … 121

7 퇴직연금은 공적 연금인 국민연금을 약화시킨다 (?) … 128

제3장

노사 주도로 퇴직연금을 개선할 방법 7가지 들여다보기

1 초기업 단위로 퇴직연금을 어떻게 설계할 것인가 … 138

1) 초기업 단위 기금형 퇴직연금 설계 시 결정해야 할 사항과 절차

2) 초기업 단위 표준형 퇴직연금 설계 시 결정해야 할 사항과 절차

3) 초기업 단위 퇴직연금 설계 시 노동계가 주의해야 할 사항

4) 정부 주도 중소기업퇴직연금기금의 설계 과정에서 노동계가 기울여야 할 노력

2 퇴직연금사업자 및 퇴직연금 자산운용사와 무엇을 협상할 것인가 … 154

1) 퇴직연금사업자와 협상할 내용

2) 퇴직연금 자산운용사와 협상할 내용

3 단체교섭에서 무엇을 논의할 것인가 … 159

1) 제도 유형(DB형/DC형)과 적립금 납부 수준 및 방법

2) 완전 적립을 위한 노력

Contents

3) 추가 적립을 위한 노력 (DC형, 개인형 IRP)

4) 보장성 보험 특약 - 질병 · 상해 실손 보상, 장애연금, 유족연금 등

4 근로자 전문교육기관을 어떻게 구성할 것인가 … 163

1) 전문 교육기관이 담당해야 할 교육의 내용

2) 전문 교육기관의 구성 방법

3) 정부가 노사와 협력하여 구축해야 할 표준 시스템의 내용

4) 교육비용의 부담 주체와 방법

5 퇴직연금운영위원회를 어떻게 운영할 것인가 … 168

1) 구성 방법

2) 역 할

6 사회책임투자를 어떻게 도입할 것인가 … 173

1) 운용계획서(IPS) 및 퇴직연금상품 투자설명서 반영

2) 외부 전문기구의 활용

3) 감독이사의 역할

7 정부 및 국회와 더불어 개선할 입법과제들은 무엇인가 … 178

1) 최종 수익자인 근로자의 권리 보호

2) 기업 노사의 자율적 제도 선택 폭 확대

3) 퇴직연금 납입 및 연금 수령 시 혜택 확대

4) 퇴직연금 사각지대 해소

5) 기 타

[그림 목록]

그림1. 계약형 퇴직연금 제도의 운영구조 … 22

그림2. 기금형 퇴직연금 제도의 운영구조 … 22

그림3. 계약형 퇴직연금 제도에서 투자성 상품의 수수료 구조 … 23

그림4. 2011~2015년 원리금보장형 상품의 수익률 변화 … 38

그림5. 2011~2015년 실적배당형(투자성) 상품의 수익률 변화 … 39

그림6. 퇴직연금 도입 시 주요 결정사항 및 고려할 사항 … 45

그림7. 퇴직연금사업자별 · 제도유형별 퇴직연금 수익률 조회 화면 … 48

그림8. 원리금보장형 퇴직연금상품 정보 조회 화면 … 51

그림9. 원리금비보장형(투자성) 퇴직연금상품 정보 조회 화면 … 53

그림10. 우리나라의 5층 연금체계 … 67

[표 목록]

표1. 퇴직연금 투자성 상품의 수수료 및 비용의 종류 … 24

표2. P기업 DC형 퇴직연금 채권혼합형 상품들의 수수료 및 비용 … 26

표3. P기업 DC형 퇴직연금 채권혼합형 상품들의 총보수 · 비용 누계액 … 26

표4. 퇴직연금 제도유형별, 자산운용방법별 적립금액 현황 … 30

표5. 2011~2015년 퇴직연금 연도별 평균수익률과 표준편차 … 32

표6. 퇴직연금사업자 수익률 통계 … 33

표7. 퇴직연금 투자성 상품 유형별 수익률 통계 … 36

표8. 퇴직연금 원리금보장형상품 만기별 약정금리 … 39

표9. 퇴직연금사업자별 · 제도유형별 퇴직연금 수익률 결과 화면 … 49

표10. 원리금보장형 퇴직연금상품 만기별 약정금리 결과 화면 … 51

표11. 원리금비보장형(투자성) 퇴직연금상품 정보 결과 화면 … 53

표12. 투자성 상품 집합투자증권 유형별 운용현황 … 61

표13. 위험을 줄이고 있는 S&P500 기업들의 퇴직연금 … 74

표14. 사업장 규모별 퇴직연금 도입 현황 … 80

표15. 퇴직연금 수령 유형별 현황 … 81

Contents

표16. 퇴직연금 상품유형별 수익률 통계 … 121
표17. 주요국 공적연기금의 최근 5년간 운용수익률 비교 … 123
표18. 주요국 공적연기금의 2015년 자산구성 비교 … 124
표19. 우리나라 국민연금의 최근 12년간 주요 자산군 투자비중 추이 … 126
표20. 65세 이상 노인인구 대비 기초노령연금 수급자 현황 … 128
표21. OECD 주요국 GDP 대비 공적 연금 급여지출 비중 추이 … 130
표22. OECD 주요국 공적 연금 보험료율과 소득대체율 … 130
표23. 국민연금 및 퇴직연금의 중장기 예상 적립액 규모 … 173

[용어 설명(※) 목록]

1. 표준편차 … 31
2. 데이터 마이닝(data mining) … 34
3. 몬테카를로 시뮬레이션(Monte Carlo simulation) … 35
4. 근로복지공단 퇴직연금 … 48
5. 생존 편향(survivorship bias) … 50
6. 비교지수(Benchmark) … 56
7. 샤프지수(Sharpe Ratio) … 56
8. 정보비율(Information Ratio) … 56
9. 집합투자증권 … 60
10. 부담금 … 62
11. 은퇴 시점 퇴직연금 자산 필요액과 은퇴 시점까지 매년 적립해야 할 금액 계산 결과 … 68
12. 대체투자(alternative investment) … 74
13. 디폴트 옵션(default option, 적격운용방법) … 76
14. 평균임금 … 84
15. 통상임금 … 84
16. 사회책임투자 … 125
17. UN PRI(Principles for Responsible Investment) … 125
18. 국민연금기금 의결권 행사 … 125

19. 표준형 퇴직연금 제도 … 138
20. 운용계획서(IPS, Investment Policy Statement) … 142
21. 자산부채종합관리(ALM, Asset Liability Management) … 142
22. 자산 기대수익률 최대화 방식(Asset-only approach) … 142
23. 투자신탁 … 143
24. 투자회사 … 143
25. 사회책임투자 유니버스(universe) … 176

제1장

퇴직연금 도입 11년, 핵심 문제 7가지 들여다보기

1. 퇴직연금사업자만 배불리는 이중 수수료
2. 투자 위험 대비 낮은 수익률
3. 수익자(기업, 근로자)에게 불친절한 공시와 정보 제공
4. 투자특성 진단 소홀과 고위험 권유
5. 노후설계의 부익부빈익빈 심화
6. 과소 · 불완전 적립 검증 주체와 수단 미흡
7. 근로자 관점에서 보면 매우 부실한 가입자 교육

우리나라가 퇴직연금 제도를 도입한 지 11년이 지났다. 11년이 지난 2016년 6월말 기준 퇴직연금 가입자 수는 619만명으로 2015년 전체 임금근로자 1,923만명 대비하여 32.2%, 전체 상용근로자 1,259만명 대비하여 49.2%에 머무르고 있다. 근로자의 안정적인 노후생활 보장을 목적으로 도입한 제도의 취지의 비추어보면 저조한 실적이다.

이미 우리 사회는 65세 이상 인구 비율이 14% 이상인 고령사회의 문턱으로 접어들었다. 10년 후에는 20% 이상인 초고령사회에 도달한다는 전망이다. 노인 빈곤율은 2013년 기준 49.6%로 경제협력개발기구(OECD) 국가 중에서 1위다. OECD 회원국 평균 12.4%의 4배에 달한다. 세계에서 가장 빠른 고령화 속도를 고려하면 매우 큰 걱정거리가 아닐 수 없다.

우리나라 퇴직연금 제도는 정부와 퇴직연금사업자인 금융업계가 주도해 왔다. 퇴직연금의 실질적인 가입자이자 최종 수익자는 근로자임에도 불구하고 근로자를 대표하는 노동계의 주도적 역할은 미미했다. 수익자의 관점과 요구를 제대로 반영하지 못한 퇴직연금 시장은 많은 문제점을 노출할 수밖에 없었다.

이 장에서는 계약형 제도 하에서 퇴직연금사업자가 퇴직연금 시장을 주도하면서 발생한 문제점을 다음 7가지 핵심 주제로 정리하여 그 내용을 살펴보고자 한다.

1. 퇴직연금사업자만 배불리는 이중 수수료
2. 투자 위험 대비 낮은 수익률
3. 수익자(기업, 근로자)에게 불친절한 공시와 정보 제공
4. 투자특성 진단 소홀과 고위험 권유

5 노후설계의 부익부빈익빈 심화

6 과소·불완전 적립 검증 주체와 수단 미흡

7 근로자 관점에서 보면 매우 부실한 가입자 교육

각 절에서 다루고자 하는 주제별로 실태와 문제점을 살펴보고 수익자 관점에서 정부와 노동계가 개선 노력을 기울여야 할 과제들을 정리해보고자 한다. 아울러 기금형 퇴직연금 제도를 도입한다면 어떠한 변화가 발생할 수 있는지, 수익자 관점에서 정부와 노동계가 유의할 점은 무엇인지 살펴보고자 한다.

이 장에서 다루는 주제들의 목표는 그 동안 퇴직연금 시장을 주도한 정부와 퇴직연금사업자인 금융업계를 비난하려는 것이 아니다. 여러 문제점들에도 불구하고 정부와 퇴직연금사업자인 금융업계가 우리 사회가 고령사회에 진입하는 문턱에서 근로자들의 장수위험(longevity risk, 자산 없이 오래 살 위험)을 완화시키고자 기울여 온 노력은 존중받아야 한다. 이 장에서 비판적으로 주제들을 다루는 궁극적인 목표는 정부와 노동계가 주도적으로 실천적인 계획과 프로그램을 갖추고 문제점들을 개선하여 근로자의 안정적인 노후생활을 도모하고 우리 사회를 노인빈곤의 위험으로부터 자유로운 지속가능한 사회로 거듭나게 하자는데 있다.

1 퇴직연금사업자만 배불리는 이중 수수료

흔히 퇴직연금 수수료는 모두 기업(사업주)이 부담한다고 알고 있다. 과연 그럴까? DB형의 경우에는 맞는 말이다. 퇴직연금 자산운용의 수익과 위험 부담 주체가 기업이기 때문이다. 그러나 DC형의 경우에는 달라진다. 퇴직연금사업자에게 부담하는 수수료는 법령에 따라 기업이 부담하지만 퇴직연금 상품의 수수료는 근로자가 부담한다. 퇴직연금 자산운용의 수익과 위험 부담 주체가 근로자이기 때문이다.

개인이 은행이나 증권사 영업점 창구에서 투자성 상품에 해당하는 수익증권 펀드를 구입하는 경우에도 해당 상품의 수수료는 모두 개인이 부담한다.

문제는 DC형 퇴직연금에서 기업이 퇴직연금사업자에게 운용관리수수료와 자산관리수수료를 부담함에도 불구하고 여전히 근로자들이 시중에서 수익증권 펀드를 구입하는 경우와 거의 동일한 상품 수수료를 부담한다는데 있다.

이는 퇴직연금사업자들이 퇴직연금 투자성 상품에도 판매회사 보수를 높게 설정하여 판매회사의 본래 기능에 필요한 수수료를 기업과 근로자 모두로부터 이중적으로 수취하는 구조 때문이다.

현행 계약형 퇴직연금 제도의 운영구조와 투자성 상품의 수수료 구조, 수수료와 비용의 종류와 내용을 차례로 살펴보고, 어떻게 개선해야 할지 알아보자.

1) 퇴직연금 제도의 운영구조 개요

현행(계약형) 퇴직연금 제도의 운영구조를 개괄적으로 표현하면 그림1.과 같다. 퇴직연금사업자가 사용자(DB형) 또는 근로자(DC형)의 운용지시를 받아 퇴직적립금의 운용관리 및 자산관리 업무를 수행하는 구조이다.

기금형 퇴직연금 제도로 운영하게 된다면 그림2.와 같이 퇴직연금사업자가 담당하던 운용관리기관 기능을 기금형 수탁법인을 설립하여 수행하게 되고, 자산관리기관 기능은 수탁법인이 퇴직연금사업자와 계약하여 수행하게 한다.

〈그림1. 계약형 퇴직연금 제도의 운영구조〉

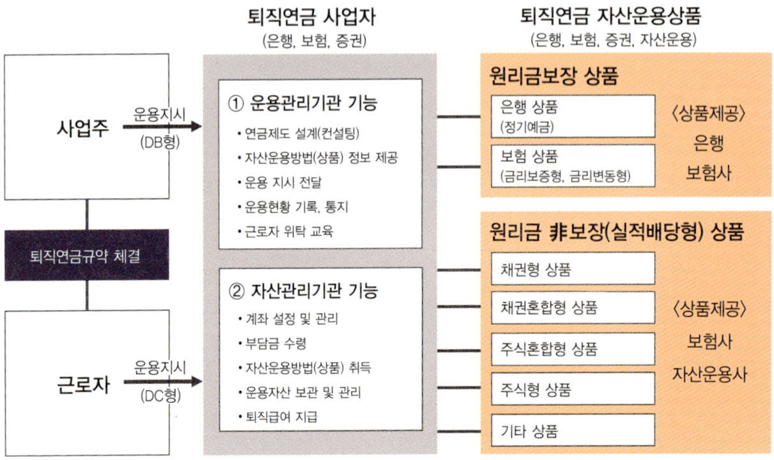

〈그림2. 기금형 퇴직연금 제도의 운영구조〉

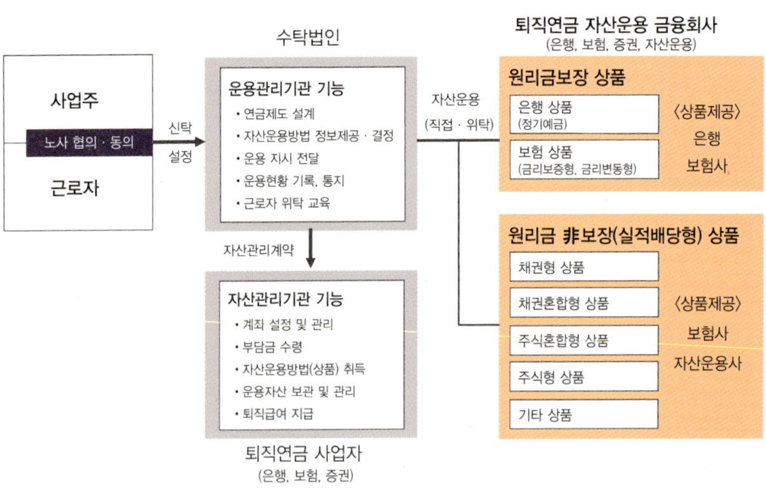

2) 계약형 퇴직연금 제도의 수수료 구조와 문제점

현행(계약형) 퇴직연금 제도에서 가입자인 기업과 근로자가 부담하는 수수료를 개괄적으로 표현하면 그림3.과 같다. 이 그림에서 원리금보장상품을 선택하는 경우의 수수료는 제외하였다.

〈그림3. 계약형 퇴직연금 제도에서 투자성 상품의 수수료 구조〉

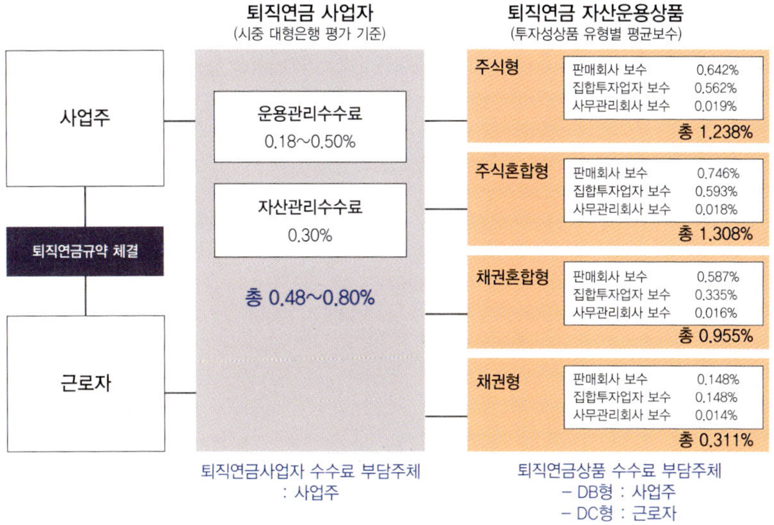

〈출처〉 퇴직연금사업자 수수료: "퇴직연금수수료 합리화방안", 김성일 KG제로인 퇴직연금연구소장, 「2015년 퇴직연금연구센터 동향분석보고서」 82쪽, 고용노동부
퇴직연금상품 수수료: 금융투자협회 전자공시서비스(http://dis.kofia.or.kr)

그림3.에서 표현하지 않은 것까지 포함한 투자성 상품의 수수료와 비용은 표1.과 같다.

〈표1. 퇴직연금 투자성 상품의 수수료 및 비용의 종류〉

구분(종류)	설 명
판매회사 보수	은행, 보험사, 증권사 등 상품 판매사인 퇴직연금사업자에게 지급하는 수수료
집합투자업자 보수	자산운용 회사에게 자산 운용의 대가로 지급하는 수수료
신탁업자 보수	상품 자산 보관의 대가로 신탁회사인 은행 등에 지급하는 수수료
사무관리회사 보수	상품 관련 일반사무관리의 대가로 지급하는 수수료
총보수 · 비용	보수와 기타비용 총액을 순자산 연평잔액(보수 · 비용 차감후 기준)으로 나누어 산출
합성 총보수 · 비용	보수와 기타비용에 자투자신탁이 모투자신탁에 투자한 비율을 안분한 모투자신탁의 보수와 기타비용을 합한 총액을 순자산 연평잔액(보수 · 비용 차감 후 기준)으로 나누어 산출
기타 비용	증권의 예탁 및 결제비용 등 투자신탁에서 경상적, 반복적으로 지출되는 비용(증권거래비용 및 금융비용 제외)
증권거래비용	증권 및 장내파생상품의 거래수수료와 콜수수료 금액(제세공과금 포함)

기업이 부담하는 수수료는 크게 두 가지다. 첫째는 퇴직연금사업자에게 부담하는 운용관리수수료와 자산관리수수료다. 기업이 부담하는 퇴직적립금에 대하여 퇴직연금사업자(시중 대형은행 기준)에게 총 0.48~0.80%의 수수료를 부담한다. 둘째는 퇴직연금상품에 부담하는 수수료인데, 기업이 운용위험을 부담하는 DB형 퇴직연금에 한해서 발생한다.

근로자가 부담하는 수수료 역시 크게 두 가지다. 첫째는 퇴직연금사업자에게 부담하는 운용관리수수료와 자산관리수수료인데, DC형 또는 IRP

형에서 근로자가 자발적으로 추가납입하는 적립금에 한해서 추가납입수수료를 부담한다. 따라서 추가납입이 없는 경우에는 부담하지 않는다. 둘째는 퇴직연금상품에 부담하는 수수료인데, 근로자가 운용위험을 부담하는 DC형 퇴직연금에서 발생한다.

투자성 상품의 유형별 평균 총 수수료(보수)는 그림3.에서 보는 바와 같다. 주식형 1.238%, 주식혼합형 1.308%, 채권혼합형 0.955%, 채권형 0.311%이다.

위 그림3.에서 근로자의 추가납입이 없는 DC형 퇴직연금을 시중 대형은행 퇴직연금사업자와 계약했다고 가정한다면, 기업은 퇴직연금사업자에게 퇴직적립금의 0.48~0.80%를 수수료로 부담한다. 반면 채권혼합형 상품을 선택한 근로자는 이보다 높은 0.955%의 수수료를 부담한다. 여기에 증권거래비용을 추가로 부담해야 한다.

무엇이 문제일까? 판매회사 보수에 가장 큰 비밀이 있다.

퇴직연금 투자성 상품의 수수료 중에서 판매회사 보수는 은행, 보험사, 증권사 등 상품 판매사인 퇴직연금사업자에게 지급하는 수수료이다. 그런데 기업은 퇴직연금사업자에게 운용관리 기능과 자산관리 기능의 대가로 이미 수수료를 지불하고 있다. 따라서 해당 투자성 상품을 선택한 기업(DB형)이나 근로자(DC형)에게 판매회사 보수를 추가로 요구하는 것은 운용관리 기능과 자산관리 기능의 대가를 이중으로 수취하는 것이다.

표2.는 저자가 P기업의 근로자들이 선택한 DC형 퇴직연금 채권혼합형 상품들의 수수료를 살펴본 결과이다.

〈표2. P기업 DC형 퇴직연금 채권혼합형 상품들의 수수료 및 비용〉

(단위: %)

구 분	판매회사 보수	집합투자 업자 보수	신탁업자 보수	사무관리 회사 보수	기타 비용	총보수	증권거래 비용
A사 상품	0.7000	0.3000	0.0300	0.0140	0.0065	1.0505	0.1640
B사 상품	0.5500	0.4000	0.0200	0.0100	0.0023	0.9823 합성 0.9856	0.1968
C사 상품	0.5350	0.2300	0.0200	0.0150	0.0020	0.8020	0.0010
D사 상품	0.3000	0.2500	0.0250	0.0150	0.0025	0.5925 합성 0.5980	0.2658
E사 상품	0.5350	0.2300	0.0200	0.0150		0.8000 합성 0.8060	
채권혼합형 유형평균보수	0.5870	0.3350		0.0160		0.9550	

출처: A~D사 상품 2015년 투자설명서, E사 상품 간이투자설명서

A, B, C, E 4개사 상품은 퇴직연금사업자 수수료 합계와 맞먹는 판매회사 보수를 근로자에게 부과하고 있다. D사의 판매보수는 나머지 4개사에 비하여 약간 낮은 반면 증권거래비용은 상당히 높게 발생한다.

표3.은 위 A, B, C, D 4개사 채권혼합형 상품에 각각 1,000만원을 투자할 경우 근로자가 부담하게 되는 수수료 및 총보수·비용을 누계액으로 산출한 것이다. 연간투자수익률은 5%, 이익금은 모두 재투자하며 수수료율 및 총보수·비용 비율은 일정하다는 가정 아래에서다.

〈표3. P기업 DC형 퇴직연금 채권혼합형 상품들의 총보수 · 비용 누계액〉

(단위: 천원)

구 분	1년	3년	5년	10년
A사 채권혼합형 상품	108,000원	336,000원	582,000원	1,288,000원
B사 채권혼합형 상품	101,000원	314,000원	545,000원	1,208,000원
C사 채권혼합형 상품	82,200원	259,200원	454,200원	1,034,000원

구 분	1년	3년	5년	10년
D사 채권혼합형 상품	61,000원	191,000원	336,000원	764,000원

출처: A~D사 상품 2015년 투자설명서

3) 어떻게 개선할 것인가?

첫째, 퇴직연금 투자성 상품에서 판매회사 보수는 없애야 한다. 현행 퇴직연금 투자성 상품의 수수료 구조는 퇴직연금사업자인 금융회사들이 자신들의 수수료 수익을 높이기 위하여 퇴직연금 가입 기업과 근로자들로부터 이중적으로 판매회사의 기능에 대한 보수를 수취하고 있다고 비난받기에 충분하다. 퇴직연금 제도의 취지상 퇴직연금사업자인 판매회사의 기능에 대한 보수는 퇴직연금 관련 법령과 제도의 취지 상 가입 기업으로부터 운용관리수수료와 자산관리수수료를 받는 것으로 국한되어야 한다. 현행 퇴직연금 투자성 상품에서 판매회사 보수를 제외하면 총 수수료는 채권형을 제외한 모든 유형에서 절반 이하로 줄어든다.

둘째, 집합투자업자 보수는 퇴직연금 자산의 투자기간이 길어짐에 따라, 자산규모가 커짐에 따라 점감하는 구조로 설계할 수 있다. 퇴직연금은 중간정산이 엄격히 제한되는 만큼 장기적이고 안정적인 투자가 가능하다. 따라서 투자기간 및 자산 규모의 크기에 비례하여 집합투자업자 보수를 설계하려는 노력이 필요하다.

셋째, 근로자의 자발적인 추가납입에 대한 퇴직연금사업자 수수료를 면제하거나 기업이 부담하게 하는 방식을 고려해 볼 수 있다.

이러한 수수료 합리화 노력은 '복리 효과(compounding effect)'를 가져오고 수익자인 기업(DB형)이나 근로자(DC형)의 순수익률을 높이는데 매우 중요하다.

퇴직연금사업자인 금융회사와 자산운용 금융회사가 자발적으로 나서서 수수료 합리화 노력을 한다면 바람직할 것이다. 금융회사 스스로 금융 소비자이자 고객이자 수익자인 근로자들과 기업에게 신뢰를 줄 수 있는 방식이기 때문이다. 하지만 지난 10여년의 관행을 스스로 바꾸기를 기대하는 건 순진한 일이다.

퇴직연금의 실질적인 가입자이자 최종 수익자인 근로자를 대표하는 노동계가 주도적으로 나서서 수수료 체계의 개선에 나설 수도 있다. 저자가 가장 바람직하게 생각하는 방식이다. 상품 공급자인 금융회사 주도의 시장을 금융 소비자이자 수익자 주도의 시장으로 바꾸어갈 수 있기 때문이다.

정부와 국회가 나서서 입법으로 해결하는 방법도 있다. 하지만 퇴직연금을 둘러싼 이해관계자들 중에서 금융회사의 이해관심사를 보다 충실하게 대변해 온 기조를 하루아침에 바꿀 수 있으리라 기대하는 건 역시 순진한 일이다.

4) 기금형 퇴직연금이라면 어떤 변화가 일어날까?

앞선 그림2.에서 본 바와 같이 기금형 퇴직연금에서는 수탁법인이 운용관리 기능을 수행하고 퇴직연금사업자는 자산관리 기능만을 수행하게 된다. 따라서 운용관리수수료는 없어지는 대신 수탁법인 설립과 인건비를 포함한 운영 비용이 발생한다. 퇴직연금사업자에게 지불할 자산관리수수료는 사실상 기업이 계속 부담하게 된다.

기금형 퇴직연금에서 수탁법인이 자산운용 인력을 고용하여 퇴직연금 자산을 직접운용하는 경우에는 판매회사 보수와 집합투자업자 보수를 없앨 수 있다.

수탁법인이 퇴직연금 자산을 위탁운용하는 경우에도 퇴직연금 투자성 상품의 수수료 중에서 판매회사 보수를 없애거나 대폭 낮추는 일은 쉬워질 것이다. 집합투자업자 보수를 합리적으로 낮추는 일도 어렵지 않을 것이다.

반면 수탁법인의 설립, 관리 및 운영 등에 필요한 총비용이 커진다면 수수료 절감 효과가 무의미해질 수 있다. 특히 퇴직연금 자산을 수탁법인이 직접운용할 경우에는 자산운용 전문인력 인건비와 시스템 설치·운영 비용이 상당한 정도로 발생할 수 있다.

퇴직연금 제도 도입 초기에 비해 퇴직연금사업자의 운용관리수수료가 상당히 낮아진 현실을 고려한다면, 기업들이 단순히 운용관리수수료를 없앨 목적으로 기금형 퇴직연금 제도를 도입할 유인은 별로 없다. 수탁법인의 설립, 관리 및 운영 등에 필요한 절차와 총비용이 훨씬 더 부담스러울 수 있기 때문이다. 특히 근로자들이 DC형 퇴직연금을 선택한 경우에는 더욱 그렇다.

DC형 퇴직연금의 수익자인 근로자 관점에서도 기금형 퇴직연금 제도를 도입할 유인은 미지수다. 근로자 자신이 선택한 퇴직연금 상품의 순수익률을 획기적으로 높일 만큼 기금형 수탁법인이 퇴직연금 상품 시장의 투명성과 신뢰성을 확보할 수 있다는 확신이 서지 않는다면, 근로자들이 운용관리수수료를 넘어서는 수탁법인 설립·운영의 총비용을 받아들이기 곤란할 것이다. 운용관리수수료든 수탁법인 설립·운영의 총비용이든 근로자에 대한 보상 재원을 줄이는 요인이기 때문이다.

반면 DB형 퇴직연금이라면 기업의 입장에서 기금형 퇴직연금 제도를 도입할 유인은 강해질 수 있다. 퇴직연금 자산운용 수익률을 높임으로써 매년 새로이 발생하는 퇴직연금 기여금을 줄일 수 있기 때문이다. 그러나 근로자 입장에서는 퇴직연금 수급권의 위험성이 매우 높아질 수 있다. 2008년 글로벌 금융위기 전후 파산 위험을 불러일으킨 미국 GM, 크라이슬러 등의 퇴직연금기금 운용 사례는 대표적인 타산지석이다. 우리나라 재벌기업을 비롯한 대기업들의 기업지배구조 건전성과 도덕성이 취약하다는 점을 고려하면 그 위험성은 더욱 커질 가능성이 높다. 기업별 노사관계가 주를 이루는 노동조합의 활동 특성과 낮은 조직률 역시 그 위험성을 키우는 요인이다.

2 투자 위험 대비 낮은 수익률

금융감독원이 2016.10.12. 발표한 퇴직연금 영업실적 보고서(2016.6 기준)에 따르면 퇴직연금 총 적립금 중 90.4%인 116조 7,202억원이 원리금보장상품에 적립되었고, 투자성(실적배당형)상품에는 7.4%인 9조 5,833억원이 투자되었다. 특히 DB형 퇴직연금의 경우 97.2%가 원리금보장상품에 적립하였고 투자성상품에는 2.0%가 투자하였다. DC형 퇴직연금의 경우 78.8%가 원리금보장상품에 적립하였고 투자성상품에는 18.6%가 투자하였다.

〈표4. 퇴직연금 제도유형별, 자산운용방법별 적립금액 현황〉

(단위: 억원, %)

구 분	DB		DC		기업형IRP		개인형IRP		합 계	
		비 중		비 중		비 중		비 중		비 중
원리금보장형	838,478	97.2	240,164	78.8	6,626	86.9	81,934	70.2	1,167,202	90.4
실적배당형	17,307	2.0	56,847	18.6	697	9.2	20,981	18.0	95,833	7.4
기 타 주)	6,843	0.8	7,819	2.6	298	3.9	13,772	11.8	28,732	2.2
합 계	862,629	100.0	304,830	100.0	7,622	100.0	116,687	100.0	1,291,768	100.0

주) 운용을 위한 대기성 자금(고유계정대, 현금성 자산, MMF 등)

출처: "퇴직연금 영업실적 보고서(2016.6)", 금융감독원

고용노동부는 2016.8.31. 발표한 기금형 제도 도입을 위한 근로자퇴직급여보장법 개정안 입법예고 보도자료에서 "저금리 시대가 지속되고 있음에도 원리금보장상품에만 치우친 자산운용 등 수익률 하락"을 퇴직연금 문제점의 하나로 지목하였다. 이는 보다 많은 퇴직연금 자산을 투자성 상품으로 유도하여 자본시장을 부양하고자 하는 금융업계와 일부 정치권력의 이해관심사를 대변한 것으로 보인다. 퇴직연금의 최종 수익자인 근

로자 관점에서의 문제점과 원인 분석은 보이지 않는다.

과연 투자성상품이 원리금보장상품에 비하여 높은 수익률을 기록해 왔을까? 정부와 금융업계는 왜 위험 대비 수익률을 말하지 않고 평균수익률만을 지표로 삼아 투자성상품으로 유도하려 할까? 퇴직연금사업자 또는 자산운용금융회사 관점에서의 총수익률이 아니라 최종 수익자인 근로자 관점에서 투자성상품의 순수익률을 높일 수 있는 방법은 무엇일까?

최근의 연구자료와 정부가 공시한 통계자료에 나타난 퇴직연금 수익률의 실태를 살펴보고, 퇴직연금 수익률의 문제점과 원인, 개선방안을 알아보자.

1) 퇴직연금 수익률의 실태

자본시장연구원이 「자본시장리뷰」 2016년 봄호에서 발표한 "퇴직연금 수익률 분석"(홍원구 연구위원)에 따르면, 2011~2015년까지 최근 5년간 투자성상품의 평균수익률은 원리금보장상품에 비해 높지 않았다. 오히려 표5.에서 보는 바와 같이 DB형의 경우 투자성상품의 평균수익률은 0.82%로 원리금보장상품 평균수익률 0.97%에 비해 낮았다. DC형과 IRP형의 경우에도 투자성상품의 수익률은 원리금보장상품의 수익률과 별반 차이가 없었다. 반면 투자성상품의 표준편차(※1)는 2.13~2.47%로 원리금보장상품의 0.20~0.26%에 비해 현저히 높았다.

※1 표준편차: 자료가 평균을 중심으로 얼마나 퍼져 있는지를 나타내는 대표적인 수치이다. 표준편차가 0에 가까울수록 자료 값들이 평균 근처에 집중되어 있음을 뜻하고, 표준편차가 클수록 자료 값들이 널리 퍼져 있음을 뜻한다.

〈표5. 2011~2015년 퇴직연금 연도별 평균수익률과 표준편차〉

(단위: %)

평 균	DB형		DC형		IRP개인형	
	보 장	실 적[1]	보 장	실 적	보 장	실 적
2011	1.12	-0.13	1.06	-0.04	1.12	0.02
2012	1.13	1.58	1.10	1.89	1.13	1.66
2013	0.93	0.53	0.91	0.61	0.92	0.71
2014	0.86	0.68	0.80	0.70	0.81	0.80
2015[2]	0.69	2.01	0.69	2.18	0.69	2.21
2011~[3]	0.97	0.82	0.94	0.96	0.96	0.96
표준편차	**DB형**		**DC형**		**IRP개인형**	
	보 장	실 적[1]	보 장	실 적	보 장	실 적
2011	0.14	2.95	0.19	2.65	0.29	2.34
2012	0.11	2.62	0.12	2.34	0.16	2.24
2013	0.14	2.30	0.13	2.22	0.22	2.64
2014	0.14	1.52	0.25	1.34	0.13	1.48
2015[2]	0.08	1.38	0.08	1.04	0.10	1.22
2011~[3]	0.20	2.47	0.22	2.27	0.26	2.13

주: 1) 2010년 3/4분기 이후 구분 공시, 2) 2015년은 2/4분기까지의 수익률, 3) 2011년~2015년 2/4분기까지의 수익률

출처: "퇴직연금 수익률 분석", 「자본시장리뷰」 2016년 봄호, 자본시장연구원 홍원구 연구위원

최근 5년간의 통계수치만을 고려하면 투자성상품은 평균수익률은 높지 않고 원금손실위험만 매우 컸음을 뜻한다. 이는 보다 많은 퇴직연금 자산을 투자성상품에 투자하기를 바라는 금융업계와 일부 정치권력의 기대와는 달리 퇴직연금의 수익자인 기업(DB형)과 근로자들(DC형)의 관점에서는 주로 원리금보장형상품을 선택해온 결정이 합리적이었음을 뒷받침한다고 볼 수 있다.

이는 고용노동부 퇴직연금 홈페이지에서도 확인할 수 있다. 표6.은 고용노동부 퇴직연금 홈페이지(http://www.moel.go.kr/pension) '금융사·상품정보' 〉 '퇴직연금 수익률·상품정보' 〉 '금융회사별 수익률' 에 나타난 퇴직연금사업자별 퇴직연금 수익률 비교공시 자료(2016.10.14. 기준)를 활용하여 저자가 통계치를 작성한 것이다.

[주의] 표5.와 표6.은 자료 데이터의 선택기간, 수익률 평가의 차감 요소 등에 차이가 있을 수 있으므로 연평균수익률 값에 상당한 차이가 있다. 따라서 비교대상들의 연평균수익률 절대 값의 차이보다는 비교대상들의 연평균수익률 패턴에 초점을 맞추어 보기 바란다.

〈표6. 퇴직연금사업자 수익률 통계〉

(단위: %)

구 분	연간총비용 부담률	연평균수익률 (5년)	연평균수익률 (7년)	원리금보장형 (5년)	원리금보장형 (7년)	원리금비보장형 (5년)	원리금비보장형 (7년)
평 균	0.495	3.312	4.249	3.380	3.844	2.690	6.315
최 대	1.200	4.150	6.550	4.880	5.600	4.930	11.890
최 소	0.120	2.220	3.020	2.100	2.610	-0.160	3.370
사업자별 제도 합계	133	128	105	127	103	111	88

표6.에 따르면 퇴직연금사업자들의 제도별 총 127개 원리금보장형상품 최근 5년간 연평균수익률은 3.38%로 퇴직연금사업자들의 제도별 총 111개 원리금비보장형(투자성)상품 5년간 연평균수익률 2.69%에 비하여 높았다. 반면 원리금비보장형상품의 퇴직연금사업자 최대 연평균수익률은 4.93%로 원리금보장형상품의 퇴직연금사업자 최대 연평균수익률 4.88%와 유의미한 차이를 보이지 못하였다. 오히려 원리금비보장형상품의 퇴직연금사업자 최소 연평균수익률은 -0.16%로 원리금보장형상품의 퇴직

연금사업자 최소 연평균수익률 2.1%에 비하여 현저히 낮아 투자성상품의 원금손실위험을 부각시켰다.

간혹 퇴직연금사업자가 실시하는 교육에서 7년간 연평균수익률에서 원리금비보장형상품이 원리금보장형상품보다 높았음을 이유로 장기 운용 시 투자성상품의 성과가 높게 나타난다고 발표하는 경우가 종종 있다. 이러한 주장은 모두 우리나라 노동시장의 퇴직연금 자산을 단기간 내에 투자성상품으로 유도하고자 하는 금융업계와 일부 정치권력의 이해관심사를 대변한 것이다. 저자는 우리나라 퇴직연금 시장의 최근 5년간 연평균수익률과 최근 7년간 연평균수익률을 비교하여 이와 같은 주장을 펴는 것은 적절치 않을 뿐만 아니라 금융 윤리에도 부합하지 않는다고 생각한다.

최근 7년간 연평균수익률은 일시적으로 투자성상품들의 성과가 좋았던 2009년과 2010년의 결과를 포함하고 있는데, 만약 전 세계적인 금융위기의 충격이 매우 컸던 2008년의 결과를 반영하여 최근 8년간 연평균수익률을 표시했다면 하락폭이 매우 컸을 것이다. 더구나 7년 정도의 투자기간은 근본적으로 장기 투자기간이라고 보기 어렵다. 중단기 정도의 투자기간이라고 보는 것이 타당하다. 보다 신뢰성이 높은 연구사례들은 동일한 주장을 펴더라도 수십 년간의 자료를 바탕으로 한다. 따라서 퇴직연금사업자들의 이러한 주장은 데이터 마이닝의 오류(※2)를 범한 것으로 판단해야 한다.

※2 데이터 마이닝(data mining): 대량의 데이터 안에서 체계적으로 통계적 규칙이나 패턴을 찾아내는 것을 말한다. 연구자가 의도적으로 부적절한 기간을 선택하거나 제한된 자료를 이용할 경우 잘못된 모형을 구축하는 오류를 범할 수 있다.

국내외 실제 자본시장 데이터를 이용한 몬테카를로 시뮬레이션(※3) 결과를 바탕으로 동일한 주장을 펴는 경우에도, 최종 자산가치의 변화는 금융시장의 상황에 따라서 변화를 가져오기 때문에 장기투자를 할 경우 투자성상품이 원리금보장형상품에 비해서 '확률적으로' 높은 최종 자산가치를 축적할 수 있다고 말할 수 있을 뿐이다. 더구나 과거의 국내외 실제 자본시장 데이터를 이용한 시뮬레이션은 2008년 글로벌 금융위기 이후 나타난 저성장, 저소비, 고실업, 고위험 등의 '뉴노멀(New Normal)' 경제질서가 지속될 수 있는 미래를 예측하기에는 적합하지 않을 수도 있다.

※3 몬테카를로 시뮬레이션(Monte Carlo simulation): 불확실한 상황 하에서의 의사결정을 목적으로 확률적 시스템의 모의 실험에 이용되는 절차를 말한다.

이번에는 투자성상품의 유형별로 수익률을 살펴보자.

퇴직연금의 수익자인 기업(DB형)과 근로자(DC형)의 관점에서 보면 자신들이 퇴직연금상품에 대한 선택권을 갖는 만큼 퇴직연금사업자별 수익률 정보가 아니라 퇴직연금상품별 수익률 정보가 훨씬 중요하다. 또한 투자성상품의 경우에는 원금손실위험을 수반하기 때문에 반드시 평균수익률과 더불어 위험지표인 표준편차를 함께 살펴보아야 한다. 그러나 유감스럽게도 고용노동부와 금융감독원 퇴직연금 홈페이지는 기간별 평균수익률 정보만을 표시하고 표준편차를 표시하지 않아 정작 중요한 위험 대비 수익률 분석은 하지 못했다.

표7.은 고용노동부 퇴직연금 홈페이지(http://www.moel.go.kr/pension) '금융사·상품정보' 〉 '퇴직연금 수익률·상품정보' 〉 '퇴직연금 상품정보'에 나타난 퇴직연금 상품별 수익률 정보를 투자성 상품 유형별로 검색한 자료(2016.10.14. 기준)를 활용하여 저자가 통계치를 작성한 것이다.

〈표7. 퇴직연금 투자성 상품 유형별 수익률 통계〉

(단위: %)

구 분		상품보수	연평균수익률 (1년)	연평균수익률 (3년)	연평균수익률 (5년)	연평균수익률 (7년)
주식형	평 균	1.120	-6.493	2.373	0.079	7.515
	최 대	1.810	7.470	13.590	9.110	14.310
	최 소	0.160	-28.860	-7.310	-7.060	0.110
	개 수	403	200	106	80	70
주식 혼합형	평 균	1.028	-0.799	2.284	0.678	5.688
	최 대	1.670	7.210	4.210	1.760	8.320
	최 소	0.460	-12.020	-0.590	-1.550	3.500
	개 수	62	35	17	16	16
채권 혼합형	평 균	0.759	0.071	2.790	2.209	4.970
	최 대	1.350	9.820	7.650	7.490	10.790
	최 소	0.160	-11.080	-6.030	-4.970	1.200
	개 수	774	686	581	501	361
채권형	평 균	0.442	3.034	3.333	3.811	4.064
	최 대	1.130	10.200	14.420	11.140	5.830
	최 소	0.020	-6.180	-6.910	0.190	2.380
	개 수	203	157	137	105	70

표7.을 보면 투자성상품의 유형별로 최근 5년간 연평균수익률은 주식형 0.08%, 주식혼합형 0.68%, 채권혼합형 2.21%, 채권형 3.81%이다. 채권형을 제외하고는 모두 원리금보장형상품의 최근 5년간 연평균수익률 3.38%를 현저히 밑돌고 있다. 투자성상품의 각 유형별로 연평균수익률 최대값과 최소값을 고려한다면 원리금보장형상품들에 비해서 평균수익률은 밑돌면서 위험은 상당한 정도로 감수하고 있는 실정임을 알 수 있다.

따라서 최근 5년간의 퇴직연금상품별 연평균수익률만으로 보자면 퇴직연금 가입 주체들이 안정적인 원리금보장형상품을 선택해온 결정이 합리적이었음을 뒷받침한다.

비록 최근 7년간 연평균수익률에서는 주식형 7.52%, 주식혼합형 5.69%, 채권혼합형 4.97%, 채권형 4.06%로 모두 원리금보장형상품의 최근 7년간 연평균수익률 3.84%를 웃돌았으나, 이를 향후 투자성상품으로 퇴직연금 자산을 옮기는 것이 바람직하다는 판단의 근거로 활용하는 것은 곤란하다. 앞서 말한 바와 같이 7년은 금융시장의 상황 변화를 넘어선 장기투자의 추세를 살펴보기에는 지나치게 짧은 기간일 뿐만 아니라 2008년의 충격적인 연평균수익률을 반영하여 최근 8년간 연평균수익률을 표시할 경우 하락폭이 매우 클 것이기 때문이다.

퇴직연금사업자를 비롯한 금융업계 등의 이해관심사에 휘말려 성급히 판단하기보다 현재와 미래에 퇴직연금 수익률에 영향을 미치는 요인들을 먼저 살펴보고 개선할 방법을 알아보자.

2) 낮아진 퇴직연금 수익률의 원인과 전망

그림4.는 최근 5년간 원리금보장형상품의 수익률 변화를 그래프로 나타낸 것이다. 최근 5년간 금리의 변화를 반영하여 지속적으로 수익률이 하락하고 있다. 이는 은행, 보험, 증권 등 금융업권의 구분 없이 나타나고 있다. 또한 DB형, DC형, IRP형 등 모든 퇴직연금 제도의 유형에서 공통으로 나타나고 있다.

〈그림4. 2011~2015년 원리금보장형 상품의 수익률 변화〉

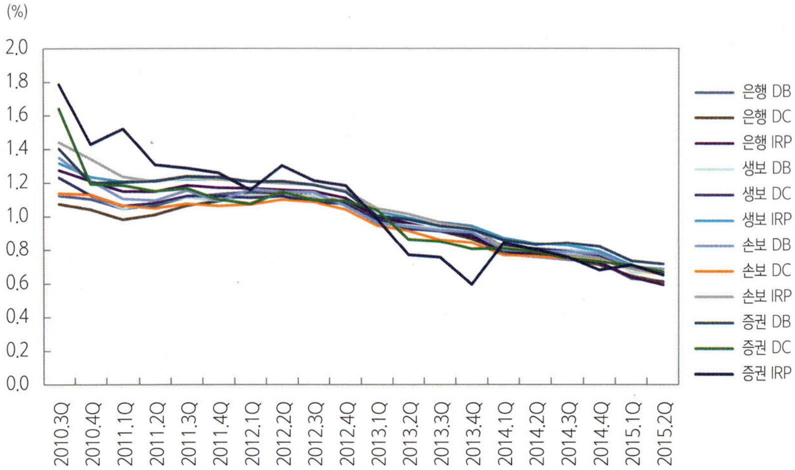

출처: "퇴직연금 수익률 분석", 「자본시장리뷰」 2016년 봄호, 자본시장연구원 홍원구 연구위원

2008년 글로벌 금융위기 이후 나타난 뉴노멀 경제질서가 우리나라 경제와 퇴직연금 원리금보장형상품 수익률에도 상당한 영향을 미쳤음을 알 수 있다.

그림5.는 최근 5년간 투자성상품의 수익률 변화를 그래프로 나타낸 것이다. 2008년 글로벌 금융위기 이후 나타난 뉴노멀 경제질서의 고위험, 저수익률 현상이 우리나라 퇴직연금 투자성상품의 수익률 변화에도 나타나고 있음을 알 수 있다. 이는 은행, 보험, 증권 등 금융업권의 구분 없이 나타나고 있다. 또한 DB형, DC형, IRP형 등 모든 퇴직연금 제도의 유형에서 공통으로 나타나고 있다.

〈그림5. 2011~2015년 실적배당형(투자성) 상품의 수익률 변화〉

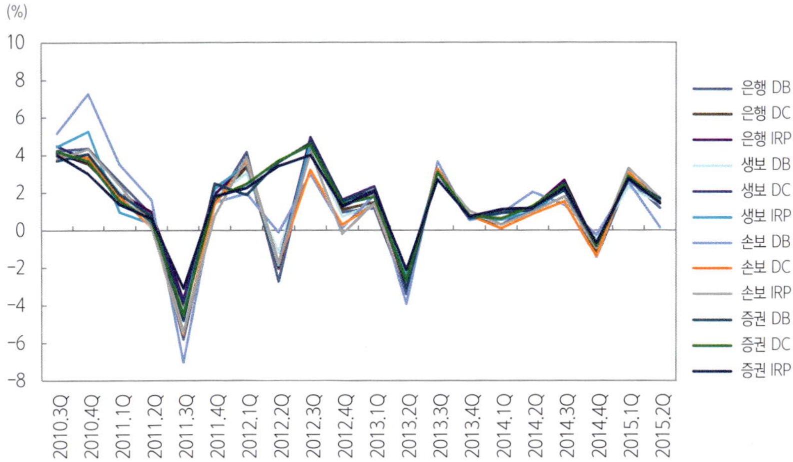

출처: "퇴직연금 수익률 분석", 「자본시장리뷰」 2016년 봄호, 자본시장연구원 홍원구 연구위원

표8.은 고용노동부 퇴직연금 홈페이지(http://www.moel.go.kr/pension) '금융사 · 상품정보' 〉 '퇴직연금 수익률 · 상품정보' 〉 '퇴직연금 상품정보'에 퇴직연금사업자들이 원리금보장형상품별로 제시한 만기별 약정금리를 검색한 자료(2016.10.14. 기준)를 활용하여 저자가 통계치를 작성한 것이다.

〈표8. 퇴직연금 원리금보장형상품 만기별 약정금리〉

(단위: %)

구 분	만기별 약정금리(%) - 2016.9.28. 기준					
	3개월	6개월	12개월	24개월	36개월	60개월
평 균	1.155	1.254	1.805	1.787	1.817	1.794
최 대	1.320	1.400	2.300	4.530	2.300	2.250

구 분	만기별 약정금리(%) - 2016.9.28. 기준					
	3개월	6개월	12개월	24개월	36개월	60개월
최 소	0.960	1.120	1.350	1.390	1.410	1.500
총상품개수 (총148개)	16	26	85	79	82	57

2016.9.28. 기준으로 퇴직연금 원리금보장형상품에서 제시한 만기 1년, 2년, 3년, 5년 약정금리는 각각 평균하여 1.8% 전후에 불과하다.

2008년 글로벌 금융위기 이후 나타난 뉴노멀 경제질서가 상당한 기간 동안 세계적으로 계속되리라는 전망이 우세하다. 이런 전망 하에서라면 우리나라 자본시장 역시 저금리, 저수익률 현상이 계속될 가능성이 높다.

퇴직연금 원리금보장형상품은 저금리에 따른 저수익률 현상이 상당 기간 지속될 것이라 전망할 수 있다. 퇴직연금 투자성상품은 저성장, 고위험에 따라 위험 대비 낮은 수익률 현상을 지속하리라 전망할 수 있다.

3) 어떻게 개선할 것인가?

그렇다면 퇴직연금 수익률을 개선하기 위해서는 어떤 노력이 필요할까? 금융업계와 정부가 주장하는 것처럼 투자성상품의 투자 비중을 올린다고 해서 수익률을 개선할 수 있는 지름길이 아니라는 점은 앞에서 살펴보았다.

퇴직연금 수익자인 기업(DB형)과 근로자(DC형) 관점에서 퇴직연금 수익률을 개선할 수 있는 방법을 찾아보자.

첫째, 퇴직연금사업자 수수료를 낮추기 위한 노력을 해야 한다. 특히 DB형에서 퇴직연금사업자 수수료는 수익자인 기업의 수익률을 결정하는 데 매우 중요하다. DB형에 가입한 기업의 실제 수익률은 '퇴직연금상품의 순수익률 – 퇴직연금사업자 수수료' 에 가깝기 때문이다. 저금리 상황 속에서 퇴직연금사업자 수수료가 높은 경우 기업 입장에서는 DB형 퇴직연금 가입이 오히려 손해일 수도 있다. 손비 인정을 통한 법인세 감면 혜택의 유인이 발생하지 않는 저수익 기업들이 퇴직연금 가입을 꺼리는 이유이기도 하다.

퇴직연금사업자 수수료를 낮출 수 있는 노력을 하기 위해서 복수의 기업이 하나의 퇴직연금사업자와 표준규약 및 표준계약서에 따라 운영하는 표준형 제도를 검토할 수 있다. 그런데 현행 계약형 법·제도는 표준형 제도를 DC형에 한해서 허용하고 있다. 정부와 국회가 표준형 DB 제도를 허용하는 입법을 해야 한다. DB형이든 DC형이든 복수의 기업들이 자유롭게 표준형 퇴직연금을 설계할 수 있다면 노사의 제도 선택 폭을 넓힐 뿐만 아니라 금융업계와 함께 자율적이고 창의적인 노력을 하도록 유도할 수 있다.

둘째, 퇴직연금상품의 수수료와 증권거래비용 등을 낮추기 위한 노력을 해야 한다. DB형과 DC형 모두 투자성상품에서 이러한 노력이 특히 중요하다. 퇴직연금 수익자 관점에서 실제 수익률인 퇴직연금상품의 순수익률은 '상품 총수익률 – 상품 총보수 및 증권거래비용' 으로 결정되기 때문이다. 앞 절에서 살펴본 것처럼 투자성상품 수수료에서 판매회사 보수를 없애고, 투자기간과 자산규모에 따라 집합투자업자 보수를 점감하는 구조로 설계해야 한다.

투자성상품의 자산운용역(펀드 매니저)이 단기성과에 치중할 경우 보유자산의 매매가 빈번해지고 증권거래비용이 증가한다. 증권거래비용은 모두 퇴직연금의 수익자인 기업(DB형)과 근로자(DC형)가 부담하기 때문에 순수익률 저하로 연결된다. 반면 주거래 증권사는 잦은 매매 대행으로 인한 이익을 보게 된다. 증권거래비용을 낮추기 위해서는 장기적이고 안정적인 투자 철학을 가진 투자성상품을 선택하고 투자 철학에 따른 건전한 자산운용을 감독하려는 노력이 필요하다.

셋째, 장기적이고 안정적인 투자 철학과 지침을 가진 투자성상품을 설계하고 선택하려는 노력을 해야 한다. 사회책임투자는 장기적이고 안정적인 투자 철학의 대표적인 예다. 사회책임투자는 기업의 재무적 지표와 더불어 비재무적 지표인 환경, 사회, 지배구조 부문에서 발생할 수 있는 위험요인 및 이에 대한 대응역량을 평가하여 자산운용에 활용한다. 따라서 장기적이고 안정적인 수익률을 도모하는데 적합하다. 국민연금의 경우 2006년부터 사회책임투자형 펀드를 설정하고 운용하기 시작하였는데, 점차 그 규모를 늘려가고 있다.

넷째, 퇴직연금 투자성상품에서 최소수익률 보장 제도 도입을 검토할 수 있다. 현재 퇴직연금 투자성상품의 투자 위험은 전적으로 수익자인 기업(DB형)과 근로자(DC형)가 부담하고 있다. 앞선 표7.을 보자. 퇴직연금 채권혼합형 투자성상품 중에서 최근 5년간 최소 수익률을 기록한 상품의 연평균수익률은 -4.97%이다. 5년 전 1,000만원의 원금을 투자한 근로자를 가정할 경우, 5년 후 근로자의 퇴직연금 자산은 775만원 전후로 줄어든 반면 이 상품의 자산운용 금융회사는 매년 자산 대비 0.58%의 상품보수를 받았다. 이 경우 투자위험은 근로자에게 전적으로 전가되어 있는 반면, 퇴직연금사업자와 자산운용 금융회사만이 퇴직연금의 수혜를 누리게 된다.

최소수익률 보장 제도는 일정한 기준에 따라 투자 위험을 퇴직연금 수익자와 퇴직연금 자산운용의 주체인 금융회사가 나누어 갖도록 하는 제도이다. 퇴직연금 투자자이자 수익자인 기업과 근로자에게는 합리적인 투자 위험을 부담하게 하면서도 자산운용 금융회사가 단기 성과주의의 도덕적 해이에 빠지지 않고 수익자에 대한 충실의무를 성실히 지키도록 유도할 수 있다는 게 장점이다.

퇴직연금 수익률을 개선하기 위한 노력 역시 퇴직연금사업자인 금융회사와 자산운용 금융회사가 자발적으로 나서길 기대하기란 난망하다. 이 역시 퇴직연금의 실질적인 가입자이자 최종 수익자인 근로자를 대표하는 노동계가 금융 소비자 관점에서 주도적으로 나서는 게 바람직하다.

표준형 DB 제도의 허용과 최소수익률 제도는 정부와 국회가 나서서 입법을 검토할 수 있도록 노동계가 노력해 주길 바란다.

4) 기금형 퇴직연금이라면 어떤 변화가 일어날까?

앞서 이 장 제1절의 후반부에서 기금형 퇴직연금이라면 어떤 변화가 일어날지 살펴보았다. 기금형 퇴직연금 제도에서 수수료 절감, 수탁법인 총비용 증가 등이 수익자 관점에서의 순수익률에 미칠 상관관계에 대하여 예상한 바를 돌아보자. 현행 계약형 제도와 기금형 제도 중 어느 것이 수익자 관점에서의 순수익률 향상과 근로자의 수급권 강화에 유리하리라고는 단정할 수 없다.

다만, 기금형 제도에서는 전문가들의 도움을 받아 보다 수월하게 장기적이고 안정적인 퇴직연금 투자 철학과 지침을 명시할 수 있다. 또한 퇴직연금 자산운용에 대한 감시와 감독 기능을 강화하여 투명성과 신뢰성을 높일 수 있다. 물론 현행 계약형 제도에서도 노·사·전문가로 구성된 퇴직연금 운영위원회를 구성하여 이러한 역할을 수행하는 것이 가능하다. 하지만 현실적으로 지금까지 이러한 노력은 거의 찾아보기 힘든 것도 사실이다.

계약형 제도와 기금형 제도는 모두 대리인 문제를 안고 있다. 대리인 문제는 대리인이 주인의 이익보다 대리인의 이익을 우선시하는 문제이다.

퇴직연금의 주인은 퇴직연금의 최종 수익자인 근로자이다. 대리인은 퇴직연금사업자 및 자산운용을 담당하는 자산운용 금융회사이다. 핵심은 주인인 근로자와 근로자의 대표기구인 노동조합이 대리인 문제를 제어할 수 있는가이다. 기금의 노사 대표 및 내부·외부 전문가들은 자산관리를 담당할 퇴직연금사업자 및 자산운용을 담당할 자산운용 금융회사에 '포섭'(capture)될 수 있는 위험에 항상 직면해 있다. 근로자 및 노동조합이 장기적이고 안정적인 자산운용 철학과 투자지침 아래 투명성·도덕성을 담보할 장치들과 대리인들의 충실의무를 제어할 만한 실력을 갖추지 못한다면, 기금형 제도는 내부·외부전문가를 자처하는 학계·금융업계 및 관료 출신들의 사회적 영향력을 확대하는 장으로 유용될 수밖에 없다. 내부·외부전문가들이 퇴직연금 수익자인 근로자들의 이익에 충실하지 않고 금융회사들에 자발적 또는 비자발적으로 포섭된다면, 퇴직연금사업자인 금융회사가 주도하는 퇴직연금 시장의 폐해는 계속될 수밖에 없다.

결국 퇴직연금 상품과 서비스 제공자인 금융회사의 관점이 아니라 퇴직연금의 최종 수익자인 근로자 관점에서 노동계가 어떻게 주도적이고 실천적인 노력을 경주할 것인가에 퇴직연금의 미래가 달려있다.

3 수익자(기업, 근로자)에게 불친절한 공시와 정보 제공

퇴직연금 가입자인 기업과 근로자가 퇴직연금을 도입하거나 변경할 때 협의하여 결정하여야 할 요소들을 요약하면 그림6.과 같다. 퇴직연금 제도의 유형, 적립금 납부수준과 방법, 퇴직연금사업자, 퇴직연금 자산운용상품 유형, 퇴직연금 자산운용상품 등이다.

이중에서 제도 유형, 적립금 납부수준과 방법, 퇴직연금 자산운용상품 유형 등은 퇴직연금사업자 또는 퇴직연금 자산운용사 및 상품에 대한 정보 없이도 노사가 자율적으로 결정할 수 있는 사항이다.

반면 퇴직연금사업자, 퇴직연금 자산운용사 및 상품에 대한 결정은 퇴직연금 수익자인 기업(DB형)과 근로자(DC형)의 실제수익률에 중대한 영향을 미치기 때문에 객관적이고 정확한 비교자료를 필요로 한다.

〈그림6. 퇴직연금 도입 시 주요 결정사항 및 고려할 사항〉

제도유형	적립금납부수준	퇴직연금사업자	운용상품유형	퇴직연금 운용사 및 운용상품
DB형	현재 80% 이상	지배구조 안정성 재무 안정성·성장성 상품 제공 능력 사후관리 능력 지원 인프라 (전문인력, 시스템, 교육 등) 부가서비스 (대출금리 우대 등) 수수료(사업주 부담) 기업경영 윤리	기업특성 고려하여 노사협의로 결정	지배구조 안정성 재무 안정성·성장성 과거 투자수익률 위험·수익률 변동성 수수료 (DB: 사업주 부담, DC: 근로자 부담) 투자철학·윤리 자산운용의 내용 (포트폴리오, 매매회전율, 운용역의 안정성 등)
DC/IRP형	평균급여 1/12 이상		개별 근로자가 자신의 투자특성을 고려하여 결정	
DB+DC 혼합형	DB, DC 비율 및 각 유형별 납부수준		DB: 기업특성 고려 DC: 근로자 선택	

DB형 퇴직연금 수익자인 기업과 DC형 퇴직연금 수익자인 근로자의 퇴직연금 실제수익률은 차이가 있다.

DB형 퇴직연금에서 기업의 실제수익률은 '퇴직연금상품의 순수익률 - 퇴직연금사업자 수수료' 로 결정된다. 여기에서 퇴직연금상품의 순수익률은 원리금보장상품의 경우 만기약정이율로 결정되고, 투자성상품의 경우 '상품 총수익률 - 상품 총보수 및 증권거래비용' 으로 결정된다.

DC형 퇴직연금에서 근로자의 실제수익률은 원리금보장상품의 경우 만기약정이율로 결정되고, 투자성상품의 경우 퇴직연금상품의 순수익률, 즉 '상품 총수익률 - 상품 총보수 및 증권거래비용' 으로 결정된다.

DB형 퇴직연금 수익자인 기업과 DC형 퇴직연금 수익자인 근로자 모두 일차적으로 퇴직연금상품의 순수익률이 중요하다. 따라서 상품 총보수의 내역 및 증권거래비용 역시 중요할 수밖에 없다.

퇴직연금사업자 수수료 역시 기업과 근로자 모두에게 중요한 요소다. 기업 관점에서는 퇴직연금사업자 수수료가 DB형 퇴직연금의 수익자인 기업의 실제수익률에 직접적인 영향을 미치기 때문이다. DC형 퇴직연금 수익자인 근로자 관점에서는 퇴직연금 실제수익률에는 영향을 미치지 않지만, 기업의 퇴직연금수수료 부담이 기업의 근로자에 대한 총 보상 재원에 영향을 준다는 점에서 간접적인 영향을 미치기 때문이다.

퇴직연금상품의 선택 기준과 퇴직연금사업자의 선택 기준은 명확히 다르다. 퇴직연금상품은 순수익률, 총보수와 비용, 위험대비 수익률 변동성 등을 수익자의 투자특성과 함께 일차적으로 고려하여 선택해야 한다. 반면 퇴직연금사업자는 퇴직연금 가입자와 수익자에 대한 서비스 능력과 기업이 부담하는 수수료 수준을 일차적으로 고려하여 선택해야 한다. 퇴직연금사업자 수수료와 서비스 능력에 큰 차이가 없다면 퇴직연금 수익자 관점에서는 퇴직연금사업자 선택보다 퇴직연금상품의 선택이 훨씬 더 중요하다.

현재 퇴직연금 도입·운영 주체인 기업 노사는 주로 퇴직연금사업자가 제시하는 퇴직연금상품들 중에서 자신의 상품을 선택하고 있다. 사실상 퇴직연금사업자가 주도하다 보니 기업 노사의 퇴직연금상품 선택권은 제한되고 있다. 정보비대칭에 따른 역선택의 우려도 크다.

만약 퇴직연금 도입·운영 주체인 기업 노사가 수익자 관점에서 퇴직연금상품의 총보수와 비용의 합계와 세부내역, 과거 연평균 순수익률과 기간별 순수익률, 위험 대비 수익률 변동성 등을 쉽게 비교할 수 있다면, 기업 노사가 주도적이고 자율적으로 퇴직연금상품을 선택하여 퇴직연금사업자에게 상품 제공 목록에 포함시킬 것을 요구할 수 있을 것이다. 덧붙여 기업 노사가 퇴직연금상품의 자산운용을 담당하는 자산운용역(펀드 매니저)의 과거 성과 이력과 계속근무년수 등 안정성, 퇴직연금상품 자산의 포트폴리오가 운용계획서에 명시한 장기적이고 안정적인 투자지침을 어느 정도 준수하고 있는지 등을 쉽게 알 수 있다면, 기업 노사에게는 더할 나위 없이 바람직할 것이다.

고용노동부와 금융감독원은 2016년 1월말부터 퇴직연금사업자별, 퇴직연금상품별 수익률 정보를 통합해서 공시하는 서비스를 실시하고 있다. 고용노동부 퇴직연금 홈페이지를 중심으로 현재 정부가 실시하고 있는 퇴직연금 비교 공시의 내용과 한계를 살펴보고, 퇴직연금 수익자인 기업(DB형)과 근로자(DC형) 관점에서는 어떻게 개선해야 할지 알아보자.

1) 퇴직연금사업자별 수익률 공시의 실태와 활용의 문제점

그림7.은 고용노동부 퇴직연금 홈페이지(http://www.moel.go.kr/pension) '금융사·상품정보' 〉 '퇴직연금 수익률·상품정보' 〉 '금융회사

별 수익률' 에서 퇴직연금사업자별로 퇴직연금 수익률을 비교할 수 있도록 구성한 화면이다. 퇴직연금 제도유형[DB/DC/IRP]과 퇴직연금사업자가 속한 금융업권[은행/생명보험/손해보험/증권/근로복지공단(※4)]을 조합하여 퇴직연금사업자들의 수익률 정보를 비교할 수 있도록 구성하였다.

※4 근로복지공단 퇴직연금: 30인 이하 중소기업을 대상으로 퇴직급여 체불 예방 및 근로자 노후소득 보장 등 공익성을 추구할 목적으로 만든 공공기관 퇴직연금사업자이며, DB형을 제외하고 DC/IRP형만을 제공함. 기업의 비용부담을 완화하고자 퇴직연금사업자 수수료 중 운용관리수수료를 최저인 0.1%로 제공함. 자산관리업무는 현재 우리은행, 삼성화재와 업무협약을 체결하여 수행하고 있음.

〈그림7. 퇴직연금사업자별 · 제도유형별 퇴직연금 수익률 조회 화면〉

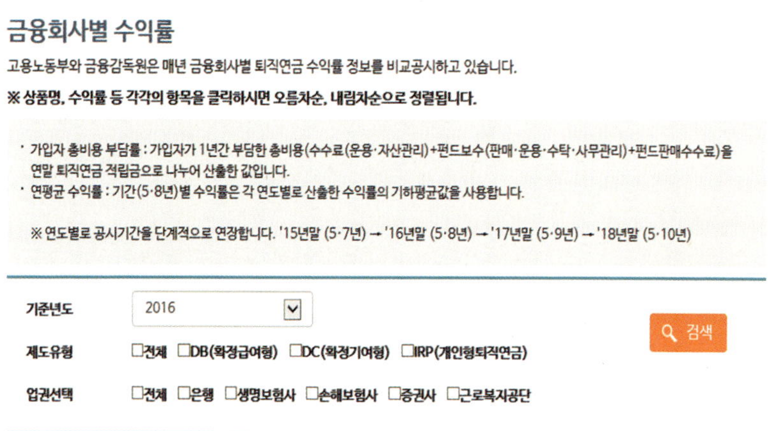

표9.는 위 그림7.의 화면에서 전체 제도유형과 전체 업권을 선택하고 검색 키를 눌렀을 때 나타나는 결과의 예시화면이다.

〈표9. 퇴직연금사업자별 · 제도유형별 퇴직연금 수익률 결과 화면〉

(단위 : %)

금융회사	제도유형	권역	연간총비용 부담률	연평균 수익률(5년)	연평균 수익률(8년)	원리금 보장형(5년)	원리금 보장형(8년)	원리금 비보장형(5년)	원리금 비보장형(8년)
근로복지공단	IRP	근복	0.06	0	0	0	0	0	0
근로복지공단	DC	근복	0.16	2.86	0	2.87	0	1.99	0
현대해상	IRP	손보	0.24	3.25	0	3.26	0	0.64	0
한화손보	IRP	손보	0.47	0	0	0	0	0	0
삼성화재	IRP	손보	0.41	2.89	4.41	2.91	3.58	2.11	4.92
롯데손보	IRP	손보	0.26	3.12	3.66	3.13	3.66	0	0
동부화재	IRP	손보	0.29	3.26	0	3.27	0	3.2	0
KB손보	IRP	손보	0.29	2.84	3.8	2.84	3.78	2.58	5.35
현대해상	DC	손보	0.48	3.19	3.85	3.24	3.77	1.86	5.27
한화손보	DC	손보	1.15	3.13	3.57	3.14	3.56	3.04	4.32
삼성화재	DC	손보	0.58	3.02	3.63	3	3.43	2.92	5.43

참고로 앞 절에서 분석한 〈표6. 퇴직연금사업자 수익률 통계〉는 표9.에 나타난 퇴직연금사업자별·제도유형별 총 133개의 자료(2016.10.14. 기준)를 활용하여 저자가 통계치를 작성한 것이다.

표9.를 자세히 보자. 우선 퇴직연금사업자 제도유형별 '연간총비용부담률'은 퇴직연금사업자 수수료(운용관리수수료+자산관리수수료)와 퇴직연금상품 총보수를 더한 값이다. 기업 노사의 입장에서 보면, 퇴직연금사업자 선택 기준이 되는 퇴직연금사업자별 운용관리수수료와 자산관리수수료를 알 방법이 없다. 퇴직연금사업자가 제공한 퇴직연금상품별 총보수의 세부 내역을 알 방법도 없다. 심지어 원리금보장상품과 투자성상품의 비중, 주된 투자성상품의 유형에 따라 이 값은 크게 달라질 수 있다. 퇴직연금사업자 수수료 역시 가입 노사의 직원 규모와 적립금 규모에 따라 크게 달라지기도 한다.

결국 표9.의 퇴직연금사업자 제도유형별 '연간총비용부담률'은 그 구성 요소별로 세부 내역을 들여다볼 수 없는 한 기업 노사가 퇴직연금사업자를 선택하는 데에도 퇴직연금상품을 선택하는 데에도 유의미한 정보를 주지 못한다.

표9.의 연평균수익률 역시 마찬가지다. 퇴직연금 수익자 관점에서는 퇴직연금사업자의 연평균수익률은 중요하지 않다. 자신이 선택했거나 선택하고자 하는 퇴직연금상품의 수익률이 중요하다. 더구나 기업 노사가 주도적이고 자율적으로 퇴직연금상품을 선택하여 퇴직연금사업자에게 상품제공 목록에 포함시킬 것을 요구할 수 있다는 점을 고려하면, 퇴직연금사업자별 연평균수익률 통계는 퇴직연금사업자인 금융회사들의 이해관심사를 대변하는 장치로 이용될 뿐이다.

퇴직연금사업자가 제공해왔던 모든 퇴직연금상품들의 수익률 정보가 빠짐없이 통계에 반영되지 않는다면 퇴직연금사업자별 연평균수익률 정보는 생존편향(survivorship bias, ※5)을 불러일으킬 수도 있다. 표9.가 경우에 따라 생존편향을 내포하고 있는지는 검증할 방법이 없다.

※5 생존 편향(survivorship bias): 실패 사례는 기록이 없거나 빈약한 반면 성공 사례는 풍부한 기록이 남아 있으므로 성공 사례에 집중함으로써 생기는 편향을 말함. 성공 사례를 일반화하여 '낙관주의 편향' 또는 '과신 오류'에 빠질 가능성이 높음. 퇴직연금사업자가 자신의 상품제공 목록에서 수익률이 낮은 실패 사례를 제외할 경우 수익률 통계 결과는 실제보다 높게 나타나는 오류가 발생함.

만약 기업 노사가 표9.를 바탕으로 퇴직연금사업자와 제도 유형을 결정하고자 한다면 이는 합리적인 의사결정이 되기 어렵다. 퇴직연금 가입자이자 수익자인 기업 노사의 관점에서 표9.는 속을 알 수 없는 혼란스럽고 모호한 정보를 제공할 뿐이다.

2) 퇴직연금상품별 수익률 공시의 실태와 활용의 문제점

그림8.은 고용노동부 퇴직연금 홈페이지(http://www.moel.go.kr/pension) '금융사·상품정보' 〉 '퇴직연금 수익률·상품정보' 〉 '퇴직연금

상품정보'에서 원리금보장형 상품의 퇴직연금 수익률을 비교할 수 있도록 구성한 화면이다. 금융업권[은행/생명보험/손해보험/증권]별로 금융회사들이 제공하고 있는 원리금보장상품의 수익률인 만기별 약정금리 정보를 비교할 수 있도록 구성하였다.

〈그림8. 원리금보장형 퇴직연금상품 정보 조회 화면〉

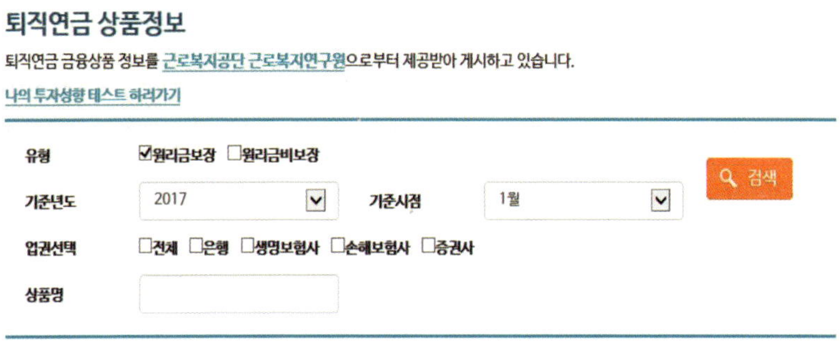

표10.은 위 그림8.의 화면에서 원리금보장 유형과 전체 업권을 선택하고 검색 키를 눌렀을 때 나타나는 결과의 예시화면이다.

〈표10. 원리금보장형 퇴직연금상품 만기별 약정금리 결과 화면〉

(단위 : 억원, %)

운용기관	상품명	금리적용기간	금융사 확인일	금리연동 (연%)	만기별 약정금리(연%)						
					1개월	3개월	6개월	12개월	24개월	36개월	60개월
BNK경남은행	퇴직연금 전용 정기예금(DB)	17.01.01~17.01.31	16.12.27	0	0	1.26	1.42	1.63	1.76	1.85	0
BNK경남은행	퇴직연금 전용 정기예금(DC/II	17.01.01~17.01.31	16.12.27	0	0	1.26	1.42	1.63	1.76	1.85	0
BNK부산은행	마이플랜퇴직연금정기예금 (D	17.01.01~17.01.31	16.12.27	0	0	0	1.33	1.62	1.65	1.7	0
BNK부산은행	마이플랜퇴직연금정기예금 (D	17.01.01~17.01.31	16.12.27	0	0	0	1.33	1.62	1.65	1.7	0
DGB대구은행	퇴직연금용 정기예금(DB)	17.01.01~17.01.31	16.12.27	0	0	0	1.3	1.63	1.7	1.78	1.85
DGB대구은행	퇴직연금용 정기예금(DC/IRP)	17.01.01~17.01.31	16.12.27	0	0	0	1.3	1.63	1.7	1.78	1.85
IBK기업은행	IBK퇴직연금 정기예금(DB)	17.01.01~17.01.31	16.12.27	0	0	1.37	1.48	1.58	1.68	1.76	1.93
IBK기업은행	IBK퇴직연금정기예금(DC/IRP	17.01.01~17.01.31	16.12.27	0	0	1.27	1.38	1.48	1.58	1.66	1.83
IBK연금보험	IBK연금보험 이율보증형(DB)	17.01.01~17.01.31	16.12.27	0	0	0	0	2.3	2.3	2.25	2.15
IBK연금보험	IBK연금보험 이율보증형(DC)	17.01.01~17.01.31	16.12.27	0	0	0	0	2.3	2.3	2.25	2.15
IBK연금보험	IBK연금보험 이율보증형(IRP)	17.01.01~17.01.31	16.12.27	0	0	0	0	2.3	2.3	2.25	2.15

참고로 앞 절에서 분석한 〈표8. 퇴직연금 원리금보장형상품 만기별 약정금리〉는 표10.에 나타난 총 148개의 자료(2016.9.28. 기준)를 활용하여 저자가 통계치를 작성한 것이다.

표10.에 나타난 원리금보장상품들의 만기별 약정금리는 기준금리로서 가입금액 등에 따라 우대금리를 적용해주는 경우도 있다.

원리금보장상품을 선택하고자 하는 기업(DB형)이나 근로자(DC형)는 표10.의 정보를 활용하여 퇴직연금상품과 약정 만기를 선택할 수 있다. 향후 금리 전망 등을 고려했을 때 36개월 약정금리가 12개월이나 24개월 약정금리에 비하여 유리하다면 퇴직연금 가입 노사는 3년의 약정 기간을 선택하는 것이 1년 단위의 약정 갱신보다 바람직한 선택이 될 수 있다. 퇴직연금 수익자가 기업인 DB형의 경우에는 퇴직연금사업자 수수료와 가입금액의 규모 등을 고려하여 퇴직연금 실제수익률을 높이기 위하여 우대금리를 요구할 수도 있을 것이다.

다만 표10.에서 각 원리금보장상품들의 과거 금리와 수익률 정보를 제공하지 않는 점은 유감스럽다. 기업 노사의 관점에서는 각 상품별 순자산 규모 및 과거 연도별 금리와 수익률 정보를 향후 만기별 약정금리와 함께 제공한다면 더욱 바람직할 것이다. 그림6.과 표9.에서처럼 퇴직연금사업자별로 원리금보장형 연평균수익률을 표시할 것이 아니라, 그림7.에서 조건 검색을 하여 원리금보장상품별로 과거 연도별 금리와 1/3/5/7/10년 등 기간별 연평균수익률 정보를 제공하는 것이 마땅할 것이다.

그림9.는 고용노동부 퇴직연금 홈페이지(http://www.moel.go.kr/pension) '금융사·상품정보' 〉 '퇴직연금 수익률·상품정보' 〉 '퇴직연금 상품정보' 에서 원리금비보장형(투자성) 상품의 퇴직연금 정보를 비교할 수 있도록 구성한 화면이다. 투자성상품의 유형[주식형/주식혼합형/채권

혼합형/채권형], 위험도[초고위험/고위험/중위험/저위험/초저위험], 자산운용기관[자산운용사/생명보험사/손해보험사] 등을 조합하여 투자성상품의 정보를 비교할 수 있도록 구성하였다.

〈그림9. 원리금비보장형(투자성) 퇴직연금상품 정보 조회 화면〉

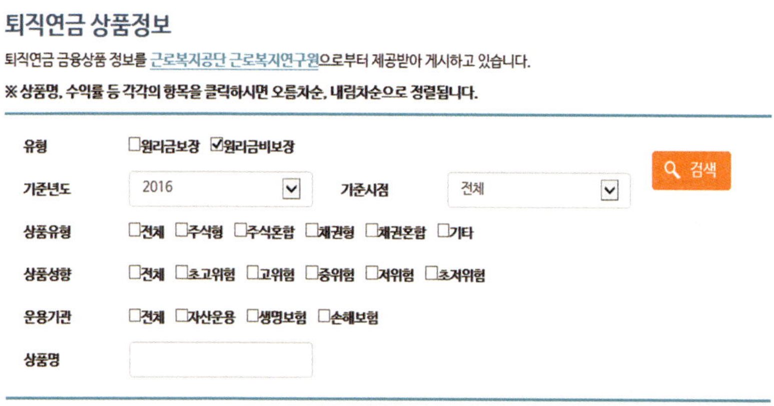

표11.은 위 그림9.의 화면에서 원리금비보장(투자성) 유형과 전체 상품유형과 운용기관을 선택하고 검색 키를 눌렀을 때 나타나는 결과의 예시 화면이다.

〈표11. 원리금비보장형(투자성) 퇴직연금상품 정보 결과 화면〉

(단위 : 억원, %)

유형	운용사	상품명	설정일	순자산	상품보수	상품 성향	연평균 수익률(1년)	연평균 수익률(3년)	연평균 수익률(5년)	연평균 수익률(7년)
채권혼합	BNK자산운용	BNK공모주플러스101(채혼)C-P2	16.09.09	0	.9	중위험	0	0	0	0
채권혼합	BNK자산운용	BNK공모주플러스101(채혼)C-P2	16.09.09	0	.9	중위험	0	0	0	0
채권혼합	BNK자산운용	BNK튼튼배당30자 1(채혼) Class C-P2	15.03.16	1.04	1.03	중위험	1.6	0	0	0
채권혼합	BNK자산운용	BNK튼튼배당30자 1(채혼) Class C-P2	15.03.16	.85	1.03	중위험	1.75	0	0	0
채권혼합	BNK자산운용	BNK튼튼배당30자 1(채혼) Class C-P2	15.03.16	.56	1.03	중위험	0.54	0	0	0
채권혼합	BNK자산운용	BNK튼튼배당30자 1(채혼) Class C-P2	15.03.16	.73	1.03	중위험	0.6	0	0	0
주식형	BNK자산운용	BNK튼튼배당자 1(주식) Class C-P2	13.12.24	1.66	1.2	초고위험	-5.12	0	0	0
주식형	BNK자산운용	BNK튼튼배당자 1(주식) Class C-P2	13.12.24	1.75	1.2	고위험	2.77	0	0	0
주식형	BNK자산운용	BNK튼튼배당자 1(주식) Class C-P2	13.12.24	1.21	1.2	초고위험	-2.8	0	0	0
주식형	BNK자산운용	BNK튼튼배당자 1(주식) Class C-P2	13.12.24	3.03	1.2	고위험	4.57	3.17	0	0
채권혼합	DGB운용	DGB공모주플러스1(채혼)C-P	15.03.10	272.95	.93	중위험	2.88	0	0	0

참고로 앞 절에서 분석한 〈표7. 퇴직연금 투자성상품 유형별 수익률 통계〉는 그림9.에서 상품유형[주식형/주식혼합형/채권혼합형/채권형]별로 검색한 결과자료(2016.10.14. 기준)를 활용하여 저자가 통계치를 작성한 것이다.

표11.에서 퇴직연금 수익자 관점에서 실제 수익률인 퇴직연금상품의 순수익률은 '상품 총수익률 - 상품 총보수 및 증권거래비용' 으로 결정된다. 반면 퇴직연금상품의 자산운용을 담당하는 자산운용역(펀드 매니저)에 대한 평가는 상품 총수익률 또는 '상품 총수익률 - 증권거래비용' 으로 이루어진다.

따라서 퇴직연금 수익자 관점에서의 실제 수익률과 자산운용역에 대한 평가를 한 눈에 알아볼 수 있도록 하려면 퇴직연금 투자성상품별로 총수익률, 상품 총보수 및 증권거래비용, 순수익률을 모두 표시하는 게 바람직하다. 그리고 상품 총보수 및 증권거래비용은 그 값을 클릭할 경우 이 장 제1절의 표2.와 같이 그 세부내역을 상품유형별 평균보수 대비하여 살펴볼 수 있도록 표시해 줄 수 있어야 한다. 이렇게 비교자료를 쉽게 볼 수 있다면 기업 노사는 퇴직연금 투자성상품의 선택에 큰 도움을 받을 수 있다. 또한 판매회사 보수 외에도 집합투자업자 보수, 증권거래비용 등의 적정성을 퇴직연금 자산의 투자기간과 자산규모, 투자철학과 지침 등에 비추어 자율적으로 판단할 수 있다. 앞서 제1절에서 판매회사 보수는 없애야 한다는 저자의 생각을 밝힌 바 있다.

표11.의 결과화면 하단에는 아래 박스와 같이 표11.에 대한 설명을 하고 있다. 참고하기 바란다.

○ 상품유형: 원리금비보장상품은 상품이 투자하는 대상 자산의 종류에 따라 ① 주식형, ② 채권형, ③ 주식혼합형, ④ 채권혼합형, ⑤ 기타 등으로 구분하고 있습니다. 일반적으로 투자 대상 자산의 종류에 따라 위험도가 결정됩니다.
○ 설정일: 설정일은 상품에 투자 자금이 처음 유입된 날을 의미합니다. 일반적으로 설정일이 오래 된 상품이 시장에서 검증 과정을 거친 상품이라고 알려져 있습니다.
○ 순자산: 해당상품에 투자된 금액의 평가 총액, 즉 '상품의 규모'를 의미합니다.
○ 상품보수: 자산을 대신 운용해준 대가로 고객이 지불하는 비용을 의미합니다. 통상 연율로 표시됩니다. ① 운용기관의 운용보수, ② 판매기관의 판매보수, ③ 자금을 보관하는 수탁회사의 수탁보수, ④ 회계처리를 담당하는 사무수탁사의 사무수탁보수가 있습니다. 보수가 높은 상품은 투자성과를 저해할 수 있습니다.
○ 연평균 수익률: 과거 기간 동안의 실제 수익률을 연 평균 수익률로 환산한 값입니다.
○ 상품성향: 높은 수익을 위해서는 높은 위험을 감수해야 합니다. 위험이 높다는 것은 성과를 예측하기 어렵다는 뜻이며, 위험이 높다고 해서 반드시 높은 수익이 보장되지는 않습니다. 각 상품의 운용을 담당하는 운용기관에서 제시하는 위험도를 5개 등급으로 나누어 제공하고 있습니다.
※ 제시된 성과 및 상품 등급은 공시된 자료를 바탕으로 작성된 과거의 기록이며, 근로자의 상품 간 비교를 돕는 목적으로 제공되었습니다. 과거의 성과 및 운용실적은 미래의 수익률을 보장하지 않습니다. 투자판단 시 반드시 개별상품의 투자설명서를 참고하시기 바랍니다.
※ 자료: 운용기관의 종류에 따른 상품정보의 출처는 다음과 같습니다. ① 자산운용사: 금융투자협회, ② 생명보험사: 생명보험협회, ③ 손해보험사: 손해보험협회

3) 어떻게 개선할 것인가?

그렇다면 퇴직연금 가입자이자 수익자인 기업과 근로자의 관점에서 주도적이고 자율적인 판단에 도움을 줄 수 있도록 하려면 어떤 노력이 필요할까? 현재 고용노동부 퇴직연금 홈페이지 비교공시의 실태와 문제점을 살펴보면서 지적한 내용을 포함하여 수익자에게 친절한 공시와 정보 제공의 방법을 찾아보자.

첫째, 원리금비보장형(투자성) 퇴직연금 상품의 정보를 퇴직연금 수익자인 기업 노사의 관점에서 재정비하기를 바란다. 수익률, 비교지수(Benchmark, ※6), 비교지수 대비 수익률 차이, 표준편차, 위험대비 수익률 지표, 상품 총보수 및 증권거래비용, 자산운용역 현황, 판매하는 퇴직

연금사업자 정보 등을 비교 가능하도록 우선적으로 재정비하여야 한다.

※6 비교지수(Benchmark): 투자성상품의 투자성과인 수익률을 비교하기 위한 기준수익률을 말함. 예를 들어 채권혼합형 투자성상품의 경우 비교지수를 '(KOSPI지수×40%)+(KIS채권지수×60%)'로 설정할 수 있음. KOSPI지수는 한국거래소에 상장된 전체 주식 종목을 대상으로 산출한 대표적인 비교지수이며, KIS채권지수는 채권투자에서 발생한 총수익(자본손익+이자수익+재투자수익)을 지수화한 것으로 KIS채권평가에서 제공하는 채권 종합지수를 말함.

수익률 정보는 반드시 수익자 관점에서 순수익률(총수익률 – 총보수 및 증권거래비용)로 표시하여야 한다. 비교지수와 비교지수 대비 수익률 차이는 해당 상품의 투자성과와 자산운용역(펀드 매니저)의 운용능력을 객관적으로 비교하기 위하여 사용할 수 있다. 표준편차를 이용하여 투자성상품의 성과를 평가하는 위험 대비 수익률 지표로는 샤프지수(Sharpe Ratio, ※7)와 정보비율(Information Ratio, ※8) 등을 흔히 사용한다. 상품 총보수 및 증권거래비용은 이 장 제1절의 표2.와 같이 그 세부내역을 상품유형별 평균보수 대비하여 표시하여야 한다. 보수의 구성항목 중에 누적 투자기간과 자산규모에 따라 변동하는 보수가 있다면 그 정보 역시 표시하는 것이 바람직하다. 상품별 담당 자산운용역(펀드 매니저) 수와 평균 경력, 평균 근무기간 등 자산운용역 현황을 요약하여 표시하여야 한다. 그 상품을 판매하는 퇴직연금사업자 정보를 추가로 표시하여야 한다.

※7 샤프지수(Sharpe Ratio): 표준편차를 이용하여 한 단위의 전체 위험에 대비한 초과수익의 정도를 측정한, 대표적인 위험 조정 후 수익률 지표임. 노벨 경제학상을 받은 William F. Sharpe가 1954년부터 1963년까지 34개 펀드의 실적을 분석하여 개발함.

※8 정보비율(Information Ratio): 적극적 투자활동의 결과로 발생한 초과수익률과 초과수익률에 대한 표준편차의 비율로 나눈 값이며, 자산운용역(펀드 매니저)의 실적을 측정할 수 있는 지표로 활용함.

투자성상품을 평가할 때 샤프지수와 정보비율의 값이 높을수록 투자성과가 우수한 것으로 평가함.

향후 상품별 투자지침의 개요, 제재 사실, 의결권행사 등에 대한 공시도 추가해 나갈 수 있을 것이다. 현재 퇴직연금 자산운용사들의 주요 경영상황, 인력현황, 지배구조 등의 정보는 각 금융업권별 협회의 전자공시서비스에서 볼 수 있으나, 향후 퇴직연금 가입자이자 수익자인 기업과 근로자의 관점에서 통합하여 요약 정보를 제공한다면 바람직하리라 생각한다.

둘째, 원리금보장형 퇴직연금 상품의 정보를 퇴직연금 수익자인 기업 노사의 관점에서 재정비하기를 바란다. 기존의 제공 정보에 덧붙여 과거 연도별 기준금리와 기간별 연평균수익률, 우대금리의 적용 기준과 방법, 판매하는 퇴직연금사업자 정보 등을 비교 가능하도록 재정비하여야 한다.

셋째, 퇴직연금사업자에 대한 비교공시를 퇴직연금 가입자인 기업 노사의 관점에서 재정비하기를 바란다. 제도유형별 퇴직연금사업자 수수료, 제도유형별 상품 제공 목록 등을 비교 가능하도록 우선적으로 재정비하여야 한다.

퇴직연금사업자 수수료는 운용관리수수료와 자산관리수수료를 구분하여 표시하고 가입 노사의 인원과 자산규모 등에 따라 변동하는 수수료가 있다면 그 정보 역시 표시하여야 한다. 그리고 제도유형별 상품 제공 목록을 선택하면 위 첫째와 둘째에서 제시한 퇴직연금상품 정보 표시의 방식으로 해당 퇴직연금사업자가 제공하는 모든 상품의 정보를 제도유형별로 표시할 수 있다면 바람직할 것이다.

추가적으로 고용노동부의 비교공시 서비스에서 퇴직연금사업자의 퇴직연금 관련 지원 인프라(전문인력, 시스템, 교육 등), 가입 노사에게 제공하는 서비스 및 부가 서비스의 내용 등도 요약 정보를 제공할 수 있다면 바람직할 것이다.

현재 퇴직연금사업자들의 주요 경영상황, 퇴직연금사업 인력현황, 지배구조, 경영철학 등의 정보는 각 퇴직연금사업자 홈페이지나 금융업권별

협회의 전자공시서비스에서 볼 수 있으나, 향후 퇴직연금 가입자이자 수익자인 기업과 근로자의 관점에서 통합하여 요약 정보를 제공한다면 더욱 바람직하리라 생각한다.

물론 금융업계와 컨설팅업계의 입장에서 보면, 앞서 저자가 제시한 개선방안의 내용들은 퇴직연금 컨설팅 기업이나 퇴직연금사업자 또는 기금형 퇴직연금의 수탁법인에서 담당해야 할 일이라고 반박할 수도 있을 것이다. 그러나 우리나라가 1년 후에는 65세 이상 인구 비율이 14% 이상인 고령사회에 도달하고 10년 후에는 20% 이상인 초고령사회에 도달하리라는 전망과 향후 퇴직연금의 자산규모가 국민연금의 자산규모보다도 더 커지리라는 전망을 고려한다면, 퇴직연금의 가입자이자 수익자인 기업과 근로자의 관점에서 보다 충실하게 정보를 제공하려는 정부와 노동계의 노력이 매우 시급하고도 절실하다고 보는 것이 타당하다.

4) 기금형 퇴직연금이라면 어떤 변화가 일어날까?

앞서 이 장 제1~2절에서 본 바와 같이 기금형 제도에서는 수탁법인이 퇴직연금사업자의 운용관리기능을 담당한다. 따라서 기금형 제도에서는 앞서 저자가 제시한 개선방안의 내용들을 수탁법인의 전문가들이 수행할 수도 있고 수탁법인이 컨설팅 기업에게 의뢰할 수도 있을 것이다.

물론 현행 계약형 제도에서도 퇴직연금사업자에게 요구할 수도 있고, 표준형 제도를 도입하고 노·사·전문가로 구성된 퇴직연금 운영위원회를 구성하여 전문가에게 이러한 역할을 수행하게 할 수도 있다.

기금형 제도 또는 계약형 제도에서 기업 노사 및 퇴직연금사업자에게 이러한 역할을 맡겨 놓는다면 퇴직연금 도입과 운영의 간접 비용이 대폭 늘어나리라 예상할 수 있다. 중소영세기업에서는 엄두를 못낼 수도 있다.

전문가들이 퇴직연금 수익자인 근로자들의 이익에 충실하지 않고 금융회사들에 자발적 또는 비자발적으로 포섭될 경우 정보의 왜곡이 발생할 위험성도 상존한다.

정부와 노동계가 손잡고 기업 및 퇴직연금의 최종 수익자인 근로자 관점에서 개선 작업에 나서는 것이 바람직하다고 판단하는 이유이다.

4 투자특성 진단 소홀과 고위험 권유

앞서 이 장 제2절에서 인용한 〈표4. 퇴직연금 제도유형별, 자산운용방법별 적립금액 현황〉을 살펴보면, 2016년 6월말 기준 퇴직연금 총 적립금액 약 129조원 중에서 DB형의 적립금액은 66.8%인 약 86조원이며, DC형과 IRP형의 합계 적립금액은 33.2%인 약 43조원이다.

DB형의 경우 약 86조원의 적립금액 중 97.2%인 약 84조원은 원리금보장형상품으로 운용하고 있다. 투자성상품으로 운용하고 있는 적립금액은 2.0%인 약 1.73조원에 불과하다.

DC형과 IRP형의 경우 약 43조원의 적립금액 중 76.6%인 약 33조원은 원리금보장형상품으로 운용하고 있다. 투자성상품으로 운용하고 있는 적립금액은 18.3%인 약 7.85조원이다.

DB형과 DC/IRP형을 모두 합하여 투자성상품으로 운용하고 있는 적립금액은 약 9.6조원이다. 이 중에서 집합투자증권(※9)으로 운용하는 적립금액의 규모는 약 9.3조원으로 투자성상품 적립금액의 대부분을 차지하며, 집합투자증권 유형별 운용현황은 표12.와 같다.

※9 집합투자증권: 2인 이상에게 투자권유를 하여 모은 금전 등을 투자자로부터 일상적인 운용지시를 받지 아니하면서 재산적 가치가 있는 투자대상자산을 취득 · 처분하는 방법으로 운용하고 그 결과를 투자자에게 배분하여 귀속시키는 것을 말함. 통상 '펀드'라 지칭하며, 주된 투자대상에 따라 증권펀드, 부동산펀드, 특별자산펀드, 혼합자산펀드, 단기금융펀드로 구분한다.

〈표12. 투자성 상품 집합투자증권 유형별 운용현황〉

(단위: 억원, %)

구 분		금액(억원)	비중(%)	투자 제한
증권 집합투자 증권	주식형	7,194	7.8	주식편입비율 60% 이상
	주식혼합형	720	0.8	주식편입비율 40% 초과 60% 미만
	채권혼합형	66,139	71.3	주식편입비율 40% 이하 0% 초과
	채권형	16,003	17.3	주식편입비율 0%, 채권편입비율 60% 이상
	기 타	1,540	1.7	
증권 집합투자증권 소계		91,596	98.8	
부동산 집합투자증권		–	–	
특별자산 집합투자증권		1,117	1.2	
혼합 집합투자증권		–	–	
총 계		92,713	100.0	

출처: "퇴직연금 영업실적 보고서(2016.6)", 금융감독원

퇴직연금사업자를 비롯한 금융업계의 이해관심사를 주로 대변하는 목소리는 "저금리 기조에서 퇴직연금 자산의 대부분이 원리금보장상품에만 지나치게 편중되어 퇴직연금 제도의 궁극적인 목적인 근로자의 안정적인 노후소득보장을 달성할 수 있을지에 대한 우려가 높다"고 말하고 있다.

이 말은 옳은 말일까? 이 말의 논리를 따라가면 "투자성상품에 대한 투자비중을 높여야 퇴직연금의 수익률을 올릴 수 있고 근로자의 안정적인 노후소득보장을 달성할 수 있다"는 결론에 도달한다. 과연 그러할까? 이 말은 의심 없이 받아들여도 좋은 말인가? 혹시 숨겨진 다른 의도가 있는 것은 아닐까?

퇴직연금 자산운용의 수익자가 기업인 DB형과 근로자인 DC/IRP형으로 나누어 각각 합리적인 퇴직연금 자산배분을 위하여 고려하여야 할 투자특성의 결정요인들을 살펴보고, 금융 윤리에 비추어 투자특성 진단의 실태와 문제점, 고위험을 권유하는 정부 정책의 문제점, 개선할 점을 차례로 알아보자.

1) 퇴직연금 자산배분 결정을 위한 투자특성 진단 시 고려할 사항과 실태 및 문제점

원리금보장상품/투자성상품의 선택 여부, 투자성상품을 선택한다면 어떤 유형을 선택할지, 주식·채권·부동산 등 투자 위험과 수익률의 상관관계가 다른 개별자산의 편입비율은 어떻게 결정·제한할지 등 퇴직연금 자산을 어떻게 배분할 것인가는 퇴직연금 자산운용의 수익자가 기업인 DB형과 근로자인 DC/IRP형으로 나누어 투자특성의 결정요인들을 살펴보아야 한다. 수익자가 기업(DB형)인가, 근로자(DC/IRP형)인가에 따라 퇴직연금 자산운용의 목표와 '위험 감내도'(risk tolerance)를 비롯한 투자특성의 결정요인들이 달라지기 때문이다.

① DB형의 경우

DB형 퇴직연금 자산운용의 수익자는 기업이다. DB형 퇴직연금 자산운용의 궁극적인 목표는 기업이 근로자들에 대한 퇴직급여 지급 재원을 충당할 수 있도록 퇴직연금 자산을 유지하는 것이다. 그리고 퇴직연금 자산운용의 위험 대비 요구 수익률과 자산배분은 근로자들에 대한 퇴직급여 총 지급 부채에 대비한 퇴직연금 자산의 적립 상태에 따라 달라진다.

퇴직연금 부채와 자산이 재정균형을 이루고 있는 기업이 올해 기대보다 좋은 퇴직연금 수익률을 기록한다면 내년도에 새로이 적립하여야 할 부담금(※10)의 규모를 줄일 수 있다. 반면 기대에 못 미치는 퇴직연금 수익률을 기록한다면 내년도에 새로이 적립하여야 할 부담금의 규모를 늘려야 한다.

※10 부담금: 퇴직연금 재정균형을 장기적으로 유지할 수 있도록 장래 퇴직급여에 필요한 비용예상액, 예상운용수입액 등을 고려하여 매년 1회 이상 정기적으로 납입하도록 산출함.

퇴직급여 부채에 비하여 퇴직연금 자산을 초과 적립한 기업의 경우 초과 적립한 정도가 클수록 새로이 적립할 부담금을 줄일 목적으로 높은 자산운용 수익률을 도모할 수 있고, 원금 손실 위험을 감당할 수 있는 '위험 감내 능력'(ability to take risk)이 크다고 볼 수 있다. 반면 퇴직연금 자산 적립 규모가 퇴직급여 부채에 미달하는 기업의 경우 미달한 정도가 심할수록 위험 감내 능력은 줄어들지만, 원금 손실 위험을 감수하고라도 높은 수익률을 도모하고자 하는 '위험 감내 의지'(willingness to take risk)가 커질 수 있다.

금융 윤리는 DB형 퇴직연금의 수익자인 기업이 퇴직연금 자산이 퇴직급여 부채에 미달하는 상황에서 위험 감내 의지를 키우는 도덕적 해이를 방지하고자 기업의 투자특성을 판단할 때 위험 감내 의지를 고려하지 않고 위험 감내 능력만을 고려할 것을 요구한다. 따라서 기업의 위험 감내도는 위험 감내 의지를 배제하고 위험 감내 능력을 보여주는 객관적인 지표들만을 진단하여 결정하여야 한다. 즉 퇴직연금 자산을 적정 또는 초과 적립한 기업이 아니라면 고위험 투자를 하지 않도록 요구해야 한다는 의미이다.

그래야만 기업이 뜻하지 않은 도산·폐업 등의 위험에 처했을 때 퇴직연금 자산이 근로자들의 퇴직급여 지급 재원으로 부족할 위험(shortfall risk)이나 고갈될 가능성(ruin probability)을 줄일 수 있다. 또한 경기 변동에 따라 회사의 경영 위험과 근로자의 퇴직연금 지급 재원 부족 위험이 함께 증가하는 '공동위험'(common risk exposure)을 줄일 수 있다.

퇴직연금 자산을 적정 또는 초과 적립한 기업일지라도 초과 적립한 정도, 기업의 재무 건정성, 수익성 전망, 경기변동 민감도, 근로자 평균연령과 이직률, 인력구조조정 예상 등을 종합적으로 고려하여 DB형 퇴직연금 자산의 위험 감내도를 판단하여야 한다. 적립액의 규모가 부족하거나 재무 건전성이 떨어지거나 수익성 전망이 불투명하거나 예상하지 못한 경기 변동에 민감한 산업이거나 근로자 평균연령이 높거나 이직률이 높거나 인력구조조정이 필요한 경우라면 고위험 투자는 자제되어야 한다.

2008년 금융위기 전후 GM, 포드, 크라이슬러 등 미국 기업의 DB형 퇴직연금기금 운용사례를 살펴보면 경기침체의 시기에 근로자의 퇴직연금 수급권을 크게 위협하는 모습을 보여주고 있다. 특히 기업의 수익성이 떨어지는 국면에서 퇴직연금 신규 부담금을 줄이고자 퇴직연금 자산운용의 고위험-고수익을 도모한 결과, 2008년 금융위기 국면에서 고위험에 따른 손실을 감당하지 못하고 파산신청에까지 이른 기업들이 많았음을 주목할 필요가 있다. DB형 퇴직연금 파산 시 지급을 보증하는 미국 연금지급보증공사(PBGC, Pension Benefit Guaranty Corporation)의 존재가 퇴직연금 자산운용 주체인 미국 기업들의 도덕적 해이를 키웠을 수도 있었으리라고 저자는 판단한다.

우리나라 DB형 퇴직연금의 실태는 어떠한가? 현재 우리나라 기업들의 경우 DB형 퇴직연금을 도입한 거의 모든 기업들은 퇴직연금 자산이 퇴직연금 부채에 현저하게 미달하는 상황이다. 우리나라 DB형 퇴직연금의 경우 근로자에 대한 퇴직급여 산정과 지급 방식의 측면에서 기존 퇴직금 제도와 상당한 유사성을 가지고 있다. 퇴직연금 도입의 역사가 짧은 탓에 퇴직연금 도입 전 전체 근로자의 과거근로기간에 대한 적립이 완전하게 이루어지지 않은 경우가 대부분이고, 퇴직연금 도입 후 적립 비율도 100%에 미치지 못하는 경우가 대부분이기 때문이다. 현재 DB형 퇴직연금의 의무적립비율은 80%이다.

따라서 현재 우리나라에서 DB형 퇴직연금을 도입하고 있는 거의 모든 기업들은 퇴직연금 자산운용에서는 낮은 위험 감내 능력을 갖고 있다. 고위험 투자를 권유해서는 곤란하다. DB형 퇴직연금의 잠재적인 최종 수익자인 근로자들의 퇴직연금 수급권을 위협하게 될 것이기 때문이다. 저자는 거의 모든 기업들의 퇴직연금 자산이 퇴직연금 부채에 미달하는 우리나라 상황에서 2016년 6월말 기준 약 86조원의 DB형 퇴직연금 적립금액 중 97.2%인 약 84조원이 원리금보장형상품으로 운용되고 있는 현실은 매우 합리적인 현상이라고 본다.

향후 퇴직연금 도입 역사가 길어지면서 상당한 기간 후에는 퇴직연금 부채에 비하여 자산을 적정 또는 초과 적립하는 기업들이 점점 더 많이 생겨나리라고 본다. 그 때에는 앞서 살펴 본 퇴직연금 자산의 적정 적립 정도, 기업의 재무 건정성, 수익성 전망, 경기변동 민감도, 근로자 평균연령과 이직률, 인력구조조정 예상 등을 종합적으로 고려하여 위험 감내 능력의 높낮이에 따라 보다 다양한 자산배분을 결정할 수 있을 것이다.

② DC/IRP형의 경우

DC/IRP형 퇴직연금 자산운용의 수익자는 개별 근로자이다. DC/IRP형 퇴직연금의 자산배분은 개별 근로자가 가진 투자특성에 따라 달라질 수 있다. DC/IRP형의 자산배분에서 안전 우선의 원칙(safety first rule)은 퇴직연금 제도의 취지상 반드시 고려하여야 한다. 근로자의 관점에서 안전 우선의 원칙은 퇴직연금 자산이 은퇴 시점에 자신이 생각하는 노후소득 재원으로 부족할 위험(shortfall risk)이나 사망 이전에 고갈될 가능성(ruin probability)을 줄여야 하는 것을 말한다.

가장 대표적인 투자특성인 위험 감내도는 개별 근로자가 가진 상황과 조건에 따라 달라진다. 근로자의 위험 감내도는 기업과는 달리 위험 감내 능력과 위험 감내 의지를 모두 고려한다. 개인별 위험 감내 능력의 객관적인 지표들을 주된 결정 요소로 진단하고, 위험 감내 의지의 주관적 지표들을 보조적인 결정 요소로 진단하여 결정한다. 위험 감내 의지가 아무리 높더라도 위험 감내 능력을 넘어서는 투자 위험을 가진 자산배분을 권유해서는 안 된다는 뜻이다. 만약 위험 감내 능력은 높은데 위험 감내 의지가 이보다 낮은 경우에는 낮은 위험 감내 의지에 따르되, 위험 감내 능력의 범위 내에서 보다 높은 투자 위험을 가진 자산배분을 권유·설득하기 위한 노력을 할 수는 있을 것이다. 물론 이 경우에도 근로자 개인에게 적합한 자산배분인지를 검증하여야 한다.

개인별 위험 감내 능력의 객관적인 지표에는 투자가능기간과 기대하는 퇴직연금 수입 대비 예상 적립금액의 규모가 대표적이다. 투자가능기간이 길고 기대하는 퇴직연금 수입 대비 예상 적립금액의 규모가 클수록 원금 손실 위험을 무릅쓰고 고위험 자산에 투자할 수 있는 위험 감내 능력은 커진다.

투자가능기간은 '퇴직연금 수령 시작 희망 연령 – 현재 근로자의 연령', 퇴직급여 중간정산 가능성 등에 따라 달라진다. '퇴직연금 수령 시작 희망 연령 – 현재 근로자의 연령'이 20년 이상이라면 투자가능기간을 장기간으로 볼 수 있고, 5년 미만이라면 단기간이라고 볼 수 있다. 투자가능기간이 장기간일수록 위험 감내 능력은 높아진다. 일시적인 투자 손실의 충격이 있다 할지라도 장기적인 경기 순환에 따라 투자 손실을 회복할 수 있다고 보기 때문이다. 반면 중단기 기간 내에는 회복할 수 없는 가능성도 있으므로 위험 감내 능력은 낮아진다. 퇴직급여 중간정산 가능성이 높다면 투자가능기간은 매우 짧아지므로 위험 감내 능력은 매우 낮아진다. 따라서 퇴직급여 중간정산 가능성이 높은 근로자에게 고위험을 동반한 퇴직연금 투자성상품을 권유한다면 이는 금융 윤리를 위반하는 행위이다.

기대하는 퇴직연금 수입 대비 예상 적립금액의 규모를 파악하기 위해서는 전문가의 도움을 필요로 한다. 우선 기대하는 퇴직연금 수입을 결정하기 위해서는 은퇴 이후 연금설계가 필요하다. 우리나라 근로자는 그림

10.의 5층 연금체계를 감안하여 은퇴 이후 연금설계를 할 수 있다.

〈그림10. 우리나라의 5층 연금체계〉

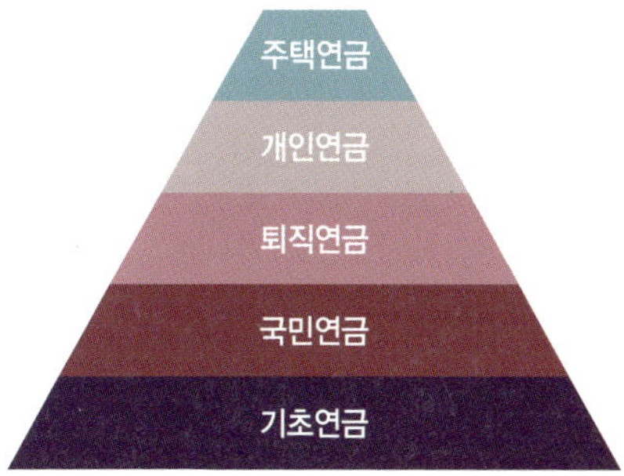

기대하는 월 퇴직연금 수입은 '은퇴 이후 기대하는 월 연금 수입 합계 - (월 기초연금 예상 수입 + 월 국민연금 예상 수입 + 월 개인연금 예상 수입 + 월 주택연금 예상 수입 + 월 예상 임대수입 등 기타 수입)' 으로 결정한다. 이 때 은퇴 이후 기대하는 월 연금 수입을 판단하기 위하여 국민연금연구원이 발표한 「제5차(2013년도) 우리나라 중고령자의 경제생활 및 노후준비 실태 - 국민노후보장패널조사 기초분석보고서」의 내용(2015.7.10. 연합뉴스, 서한기 기자 기사에서 재인용)을 참고해 보자. 이 자료에 따르면 필요 최소 노후생활비는 부부기준 월 159만9천100원, 개인기준 월 98만8천700원이었다. 필요 적정 노후생활비는 부부기준 월 224만9천600원, 개인기준 월142만1천900원이었다.

예를 들어 필요 적정 노후생활비를 부부기준으로 월 230만원을 생각하는 40세의 근로자가 65세 이후 은퇴할 생각으로 퇴직연금을 설계한다고 가정해 보자. 부부의 '기초연금 + 국민연금 + 개인연금 + 주택연금 + 기타 수입' 의 월 예상 수입을 합계하여 150만원이고 배우자의 퇴직연금은 없다는 가정 아래 이 근로자는 월 80만원의 퇴직연금 수입을 필요로 한다. 부부의 기대 수명이 모두 100세라면 이 근로자는 월 80만원씩 35년간 수령하기 위한 퇴직연금 적립방안(※11)과 자산운용방안을 설계를 해야 한다. 표준적인 설계 시스템이나 전문가의 도움을 받을 필요가 있다.

※11 은퇴 시점(65세) 퇴직연금 자산 필요액과 은퇴 시점까지 매년 적립해야 할 금액 계산 결과

① 은퇴 이후인 66세부터 100세까지 35년간 매월 80만원(물가인상률 연 1.2% 가정)을 수령하고자 할 경우 은퇴 시점(65세)의 퇴직연금 자산 필요액: 약 2억 7,425만원

② 은퇴 시점까지 2억 7,425만원의 퇴직연금 자산 필요액을 마련하기 위하여 40세부터 65세까지 25년간 매년 적립해야 할 금액

(가정1) 40세 이전에 적립한 퇴직연금 자산 0원, 향후 이자율 연 1.8% 가정: 약 878만원/년
(가정2) 40세 이전에 적립한 퇴직연금 자산 2천만원, 향후 이자율 연 1.8% 가정: 약 778만원/년
(가정3) 40세 이전에 적립한 퇴직연금 자산 5천만원, 향후 이자율 연 1.8% 가정: 약 628만원/년

이 근로자의 기존 퇴직연금 적립금액을 포함하여 향후 예상 적립금액을 원리금보장상품으로 운용한 결과 은퇴 희망 시점인 65세를 기준으로 기대하는 퇴직연금 수입 대비 예상 적립금액의 규모가 훨씬 크다면 이 근로자는 원금 손실 위험을 무릅쓰고 고위험 자산에 투자할 수 있는 위험 감내 능력이 크다고 볼 수 있다. 즉 기대하는 퇴직연금 수입 대비 예상 적립금액의 규모가 클수록 객관적인 위험 감내 능력은 커진다. 위 박스의 가정 1, 2, 3에서 각각 878만원, 778만원, 628만원보다 많은 액수를 매년 적립할 수 있는 경우를 말한다.

반면 기존 퇴직연금 적립금액을 포함하여 향후 예상 적립금액을 원리금보장상품으로 운용한 결과 은퇴 희망 시점인 65세를 기준으로 기대하는 퇴직연금 수입 대비 예상 적립금액의 규모가 미달한다면 이 근로자는 노후소득 재원이 부족할 위험(shortfall risk)이나 사망 이전에 고갈될 가능성(ruin probability)을 줄이기 위하여 여러 가지 방법을 고민해 보아야 한다. 퇴직연금 적립금액을 적정하게 맞추기 위하여 DC/IRP형 퇴직연금을 추가 납입하는 방법이 가장 좋으나, 만약 불가능하다면 은퇴 시기를 늦추

거나 은퇴 이후 생활수준을 낮추는 방법을 선택할 수밖에 없다. 위 박스의 가정 1, 2, 3에서 각각 878만원, 778만원, 628만원보다 적은 액수를 매년 적립하는 경우를 말한다.

기대하는 퇴직연금 수입 대비 예상 적립금액의 규모가 미달한 상태에서 고위험을 동반한 투자를 통해서 은퇴 시점에 적정 퇴직연금 자산 규모를 만드는 시도를 해보자고 권유한다면 이는 금융 윤리를 심각하게 위반하는 행위이다. 안전 우선의 원칙에 어긋나기 때문이다. 즉 은퇴 이후 퇴직연금 재원이 부족할 위험이나 사망 이전에 고갈될 위험을 더 키울 수 있기 때문이다. 이 경우에는 투자 위험이 낮거나 없는 퇴직연금 자산배분을 권고하는 게 바람직하다.

아울러 투자 위험과 수익률의 상관관계를 표현한 다음과 같은 말에 주의를 기울여야 한다. 높은 수익을 위해서는 높은 위험을 감수해야 한다. 위험이 높다는 것은 성과를 예측하기 어렵다는 뜻이며, 위험이 높다고 해서 반드시 높은 수익을 보장하는 것은 아니다. 또한 과거의 높은 수익률이 미래의 높은 수익률을 보장하지는 않는다.

개인별 위험 감내 의지는 투자 경험, 금융상품 및 기타 자산의 보유 실태, 금융 지식 등을 근로자 스스로 표현하는 투자성향과 종합하여 판단하여야 한다. 이 때 근로자 스스로 표현하는 투자성향보다는 행동적 요소, 즉 투자 경험 및 자산 보유 실태에 비추어 판단하는 게 바람직하다.

DC/IRP형 퇴직연금의 자산배분은 근로자 개인별 위험 감내도 이외에도 근로자 개개인에게 해당하는 세제, 기타 법적·제도적 규제 및 근로자 개인의 투자 철학 또는 개별적인 요구 등에 따른 투자특성을 고려하여야 한다. 여기서는 다루지 않고 다른 기회에 다루기로 한다.

DC/IRP형 퇴직연금의 자산배분에서 자산유형과 비중을 결정하는데 가장 중요한 요소는 퇴직연금 수익자인 개별 근로자의 투자특성 중에서 위험 감내도이다. 개별 근로자의 위험 감내도는 앞서 살펴본 바와 같이 우선 은퇴 이후 연금설계를 하고 투자가능기간과 기대하는 퇴직연금 수입 대비 예상 적립금액의 규모 등을 측정하여 객관적인 위험 감내 능력을 판단하는 것에서 출발해야 한다.

현재 DC/IRP형 퇴직연금을 가입하고 있거나 도입하려는 우리나라 근로자들은 개인별 은퇴 이후 연금설계와 객관적인 위험 감내 능력 판단에 기초해서 퇴직연금 자산을 배분하고 있을까? 유감스럽게도 저자는 극히 일부의 금융지식이 높은 근로자를 제외하고는 대부분의 근로자들이 은퇴 이후 연금설계조차 이루어지지 않은 상태에서 퇴직연금상품을 선택하고 있다고 생각한다. 개별 근로자의 위험 감내도 진단조차 객관적인 위험 감내 능력 측정은 무시한 채 개인별 투자성향을 고려한 위험 감내 의지에만 기초하여 퇴직연금 투자성상품을 권유하기에 급급한 것이 현실이다.

고용노동부 퇴직연금 홈페이지 '시뮬레이션 센터'에 있는 투자성향 테스트의 7가지 질문을 보면 현실을 극명하게 알 수 있다. 아래 박스를 참고하기 바란다.

1. 당신의 연령은 어떻게 됩니까?
   ① 19세 이하 ② 20~40세 ③ 41~50세 ④ 51~60세 ⑤ 60세 이상

2. 투자하고자 하는 자금의 투자 가능 기간은 얼마나 됩니까?
   ① 6개월 이내 ② 6개월 이상 ~ 1년 이내 ③ 1년 이상 ~ 2년 이내
   ④ 2년 이상 ~ 3년 이내 ⑤ 3년 이상

3. 다음 중 투자경험과 가장 가까운 것은 어느 것입니까? (중복가능)
   ① 은행 예금/적금, 국채, 지방채, 보증채, MMF, CMA 등
   ② 금융채, 신용도가 높은 회사채, 채권형펀드, 원금보장형 ELS 등
   ③ 신용도 중간 등급의 회사채, 원금의 일부만 보장되는 ELS, 혼합형 펀드 등
   ④ 신용도가 낮은 회사채, 주식, 원금이 보장되지 않는 ELS, 시장수익률 수준의 수익을 추구하는 주식형 펀드 등
   ⑤ aELW, 선물옵션, 시장수익률 이상의 수익을 추구하는 주식형펀드, 파생상품에 투자하는 펀드, 주식 신용거래 등

4. 금융상품 투자에 대한 본인의 수준은 어느 정도라고 생각하십니까?
   ① [매우 낮은 수준] 금융투자상품에 투자해 본 경험이 없음
   ② [낮은 수준] 널리 알려진 금융투자상품(주식, 채권 및 펀드 등)의 구조 및 위험을 일정 부분 이해하고 있는 정도
   ③ [높은 수준] 투자할 수 있는 대부분의 금융상품의 차이를 구별할 수 있는 정도
   ④ [매우 높은 수준] 금융상품을 비롯하여 모든 투자대상 상품의 차이를 이해할 수 있는 정도

5. 현재 투자하고자 하는 자금은 전체 금융자산(부동산 등을 제외) 중 어느 정도의 비중을 차지합니까?
   ① 10% 이내 ② 10% 이상 ~ 20% 이내 ③ 20% 이상 ~ 30% 이내
   ④ 30% 이상 ~ 40% 이내 ⑤ 40% 초과

6. 다음 중 당신의 수입원을 가장 잘 나타내고 있는 것은 어느 것입니까?
   ① 현재 일정한 수입이 발생하고 있으며, 향후 현재 수준을 유지하거나 증가할 것으로 예상
   ② 현재 일정한 수입이 발생하고 있으나, 향후 감소하거나 불안정할 것으로 예상
   ③ 현재 일정한 수입원이 없으며, 연금이 주 수입원임

7. 만약 투자원금에 손실이 발생할 경우 다음 중 감수할 수 있는 손실 수준은 어느 것입니까?
   ① 무슨 일이 있어도 투자원금은 보전되어야 한다.
   ② 10% 미만까지는 손실을 감수 할 수 있을 것 같다.
   ③ 20% 미만까지는 손실을 감수 할 수 있을 것 같다.
   ④ 기대수익이 높다면 위험이 높아도 상관하지 않겠다.

저자는 위 투자성향 테스트의 7가지 질문은 DC/IRP형 퇴직연금의 자산배분 설계에 활용하기에는 매우 부적절하다고 판단한다. 은퇴 설계에 필요한 자금 이외의 여유자금을 운용할 목적이라면 간단히 활용해 볼 수 있는 테스트 수준에 불과하다. 특히 위 박스의 2번 질문에서 3년 이상의 기간을 장기적인 투자가능기간으로 예시한 사례는 퇴직연금 자산운용 설계 관점에서는 매우 상식 밖이다.

아래 박스는 위 투자성향 테스트의 결과로 나오는 투자성향 유형별 특징에 대한 설명이다. 참고하기 바란다. 저자가 위 7가지 질문들에 대한 답변을 여러 가지 방식으로 조합하면서 테스트해 본 결과 생각한 것보다

조금씩 더 높은 위험을 감수하도록 투자성향 결과 값이 나온다는 느낌에 적잖이 놀랐다.

○ 공격투자형
시장평균수익률을 훨씬 넘어서는 높은 수준의 투자수익을 추구하며, 이를 위해 자산가치의 변동에 따른 손실위험을 적극 수용할 수 있습니다.
투자자금 대부분을 주식, 주식형펀드 또는 파생상품 등의 위험자산에 투자할 의향이 있습니다.
주식 비중이 70% 이상인 고위험 펀드가 적당하고, 자산의 10%정도는 직접투자(주식)도 고려해 볼만합니다.

○ 적극투자형
투자원금의 보전보다는 위험을 감내하더라도 높은 수준의 투자수익을 추구합니다.
투자자금의 상당 부분을 주식, 주식형펀드 또는 파생상품 등의 위험자산에 투자할 의향이 있습니다.
국내외 주식형펀드와 원금비보장형 주가연계증권(ELS) 등 고수익 · 고위험 상품에 투자할 수 있습니다.

○ 위험중립형
투자에는 그에 상응하는 투자위험이 있음을 충분히 인식하고 있으며, 예 · 적금보다 높은 수익을 기대할 수 있다면 일정수준의 손실위험을 감수할 수 있습니다.
적립식펀드나 주가연동상품처럼 중위험 펀드로 분류되는 상품을 선택하는 것이 좋습니다.

○ 안정추구형
투자원금의 손실위험은 최소화하고, 이자소득이나 배당소득 수준의 안정적인 투자를 목표로 합니다.
다만 수익을 위해 단기적인 손실을 수용할 수 있으며, 예금/적금보다 높은 수익을 위해 자산 중의 일부를 변동성 높은 상품에 투자할 의향이 있습니다.
채권형 펀드가 적당하며, 그 중에서도 장기회사채펀드 등이 좋습니다.

○ 안정형
예금이나 적금 수준의 수익률을 기대하며, 투자원금에 손실을 발생하는 것을 원하지 않습니다.
원금손실의 우려가 없는 상품에 투자하는 것이 바람직하며 CMA와 MMF가 좋습니다.

위 투자성향 테스트의 질문과 결과는 모두 퇴직연금 자산배분 설계 관점에서는 유용하지 않다는 게 저자의 판단이다.

2) 고위험을 권유하는 정부 정책의 실태와 문제점

정부는 2014년 8월말 「사적연금 활성화 대책」 발표에서 "퇴직연금 자산의 효율적 운용을 가로막는 경직적인 자산운용규제를 대폭 완화"한다는 명분 아래 DC/IRP형 퇴직연금의 총 위험자산 보유한도를 40%에서 70%로 상향하고 개별 위험자산 보유한도를 폐지하였다. 정부는 국내 퇴직연금들이 원리금보장상품에 치중하고 있는 것을 문제로 인식하기 때문이다. 현재 DB형과 DC/IRP형 모두 총 위험자산 투자한도는 70%이다.

정부의 이러한 정책은 합리적일까? DB형과 DC형으로 나누어 살펴보자.

앞서 저자는 현재 우리나라에서 DB형 퇴직연금을 도입한 거의 모든 기업들은 퇴직연금 자산이 퇴직연금 부채에 미달하는 상황임을 설명했다. 따라서 거의 모든 기업들은 퇴직연금 자산운용에서는 낮은 위험 감내 능력을 갖고 있고, 고위험 투자를 권유하는 것은 금융 윤리에 심각하게 위반한다는 점을 지적했다. 향후 퇴직연금 부채에 비하여 자산을 적정하게 적립하는 기업들이 점점 더 많이 생겨나게 되면 위험 감내 능력의 높낮이에 따라 보다 다양한 자산배분을 결정할 수 있을 것이나, 현재 DB형 퇴직연금 대부분이 원리금보장형상품으로 운용되고 있는 현실을 문제로 인식하기보다는 합리적인 선택이라고 해석하는 것이 보다 타당할 것이다.

2008년 세계적인 금융위기 이후 미국, 유럽 등의 DB형 퇴직연금들은 퇴직연금 적립상태가 악화된 상황 속에서 자산운용의 위험을 낮추고자 위험자산 투자비중을 낮추고 있다. 한 예로 S&P500 인덱스 기업들은 퇴직연금자산의 주식 투자 비중을 2007년 12월 61.14%에서 2013년 7월 48.25%로 대폭 낮추었다.

〈표13. 위험을 줄이고 있는 S&P500 기업들의 퇴직연금〉

(단위: %, mm$)

구 분	주식 자산비중(%)	채권 자산비중(%)	평균 부담금(mm$)
2007년 12월	61.14	31.77	109
2013년 7월	48.25	40.13	234

출처: S&P CAPITAL IQ, Quantamental Research, September 2013, p7

미국·유럽 등이 퇴직연금 위기를 초래한 역사적 교훈을 외면한 채 우리나라 정부가 저금리 기조와 경기침체가 이어지는 상황 속에서 자산운용규제 완화 정책을 취한 것은 퇴직연금사업자인 금융회사들에게 퇴직연금 수익자에 대한 충실의무 해태 등 도덕적 해이를 부추길 수 있다. 이는 퇴직연금의 최종 수익자인 근로자의 퇴직연금 수급권을 심각하게 위협할 수 있으며, 회복하기 어려운 정부 정책 실패를 잉태할 수 있다. 정부가 근로자의 퇴직급여를 희생시켜 퇴직연금사업자인 금융회사의 편에 서서 자본시장을 부양하려 한다는 비난을 자초한 셈이다.

우리나라 국민연금의 경우에도 주식투자 비율은 2004년 9.1%에서 꾸준히 증가하여 2015년 32.2%에 머무르고 있다. 대체투자(※12)를 포함해도 위험자산 투자비율은 42.9%에 머무르고 있다.

※12 대체투자(alternative investment): 채권이나 주식과 같은 전통적 투자 대상이 아니라 부동산, 원자재, 벤처기업, 사회간접자본, 헤지펀드, 사모펀드 등에 투자하는 방식을 말함. 전통적 투자 대상에 덧붙여 분산투자의 효과를 얻기 위한 목적으로 활용함.

퇴직연금 자산운용의 역사적 경험이 풍부한 나라들이 위험자산 투자비중을 낮추고 있는 사례와 우리나라 국민연금의 자산운용 사례를 참고한다면 DB형의 총 위험자산 투자한도를 오히려 현재의 70%에서 40~50% 수준으로 하향조정하는 게 바람직할 것이다.

DC/IRP형 퇴직연금의 총 위험자산 보유한도를 40%에서 70%로 상향한 것 역시 근로자의 노후자금을 희생하여 자본시장을 부양하려 한다는 비판으로부터 결코 자유로울 수 없다. 40%의 총 위험자산 투자한도 내에서도 수익률과 위험을 동시에 고려한 연금자산의 합리적·탄력적 운용은 충분히 가능하다. 개별 근로자의 은퇴 이후 연금설계 표준 시스템 제공과 교육, 위험 감내도 등 개인별 투자특성의 정기적 진단 관행 정착 등에 먼저 힘쓰지 않는다면 퇴직연금 수익자에 대한 충실의무 해태로 인한 도덕적 해이 현상은 언제든지 광범위하게 발생할 수 있다.

국내 퇴직연금들이 DB형과 DC/IRP형 가릴 것 없이 원리금보장형상품 중심으로 보수적 운용에 치중하고 있는 것은 현재 적정 수준에 미달하는 퇴직연금자산 적립규모에 따른 낮은 수준의 위험 감내도, 퇴직연금 가입자 및 수익자의 금융 전문지식 부족, 퇴직연금사업자 주도의 금융시장에 대한 불신, 투자성 개인연금 상품 가입 후 자산운용의 실패 경험, 퇴직연금 운용과정에서 수익자의 이해관계 반영 및 개입 수단 미흡, 정부의 자본시장 부양 의도에 대한 불신 등 다양한 원인에 기인한다고 보아야 타당하다. 자산운용규제의 복잡함과 과도함에 기인한다고 보는 정부의 태도는 퇴직연금 수익자인 기업과 근로자의 관점에서는 설득력과 수용력을 갖기 어렵다.

정부가 주도하고 있는 '디폴트 옵션' (※13) 도입 논의 역시 마찬가지다. 정부가 개별 근로자의 은퇴 이후 연금설계 표준 시스템 제공과 교육, 위험 감내도 등 개인별 투자특성의 정기적 진단 관행 정착 등에 먼저 힘쓰지 않는다면, 퇴직연금사업자인 금융회사의 편에 서서 개별 근로자의 명시적 동의 없이 소중한 퇴직연금 자산을 원금손실위험을 수반한 투자성상품에 편입하여 자본시장을 부양하려 한다는 비난을 면하기 어려울 것이다. 개별 근로자의 명시적 동의가 없는 상태에서 원금 손실 위험을 포함한 투자 위험을 온전히 근로자에게 전가시키는 것이 금융 윤리에 부합할 수 있을지 보다 면밀한 검토가 필요하다.

※13 디폴트 옵션(default option, 적격운용방법): DC/IRP형 퇴직연금의 가입자이자 수익자인 근로자가 운용 상품을 선택하지 않는 경우 계약형 퇴직연금사업자 또는 기금형 수탁법인이 제시한 특정 투자성상품으로 근로자의 퇴직연금 자산을 운용하는 것을 말함.
현재 고용노동부가 제공하는 「DC형 퇴직연금제도 표준규약」에서는 퇴직연금사업자가 제시한 1년 만기 정기예금 등의 원리금보장상품 중에서 기업이 선정한 상품을 자동운용상품으로 지정하고 있음.

국내 퇴직연금의 지나치게 보수적인 운용을 개선하고자 한다면 DB형과 DC/IRP형 모두 적정 수준의 퇴직연금 적립규모를 달성하기 위한 노력과 더불어 퇴직연금 수익자의 이해관계 반영 및 개입 수단 확보 노력, 정부의 연금 수익자 친화적 정책을 통한 신뢰 구축 노력, 건전하고 투명한 금융시장 질서 구축 노력, 퇴직연금 가입자 및 수익자의 금융지식 함양 노력 등을 우선적으로 도모해야 할 것이다.

3) 어떻게 개선할 것인가?

DB형 퇴직연금의 경우에도 퇴직 또는 제도 전환 시점에서는 DC/IRP형 퇴직연금으로 전환한다. 따라서 여기에서는 DC/IRP형의 관점에서 주로 개선방안을 찾아보고, DB형과 DC/IRP형에 공통적인 개선방안을 추가적으로 찾아보고자 한다.

첫째, 근로자가 스스로 은퇴 이후 연금 설계를 할 수 있는 표준적인 시스템을 제공해야 한다. 이 때 우리나라의 5층 연금체계를 감안한 연금 소득의 관점에서 각자 필요로 하는 퇴직연금 월 수입을 산정할 수 있어야 한다. 기대하는 퇴직연금 월 수입, 희망 은퇴 연령 등을 변화시켜 매년 평균적으로 적립해야 할 퇴직연금 금액을 모의 산출해 볼 수 있어야 한다.

둘째, 근로자 개인의 투자특성을 정기적으로 진단해야 한다. 투자특성 중에서 가장 중요한 위험 감내도는 위험 감내 능력과 위험 감내 의지를 나누어 진단하되, 객관적인 위험 감내 능력의 범위 내에서 종합적인 위험 감내도를 판단하여야 한다. 진단 주기는 매년 최소 1회 이상이어야 한다. 현재 개인별 투자성향을 고려한 위험 감내 의지만을 주로 진단하는 방식은 금기시하여야 한다.

저자는 근로자가 스스로 조작할 수 있는 연금설계 시스템과 투자특성 진단 시스템은 정부가 표준 시스템을 만들어서 제공하는 게 가장 바람직하다고 생각한다. 이를 퇴직연금사업자를 비롯한 시장에 맡길 경우 발생할 수 있는 금융 윤리에 어긋난 혼란을 우리는 이미 충분히 경험하고 있다.

셋째, 개별 근로자에게 퇴직연금 상품 유형 및 자산배분을 권유하거나 선택하게 할 때에는 반드시 연금 설계서와 투자특성 진단서의 내용과 적합한지 여부를 점검하여야 할 것이다. 만약 연금 설계서와 투자특성 진단서를 누락하거나 허위로 작성하거나 연금 설계서와 투자특성 진단서의 내용과 적합하지 않은 자산배분을 권유하는 경우에는 벌칙을 부과하거나 개선명령을 내릴 수 있어야 한다.

넷째, 현재 우리나라 퇴직연금 적립 상황 및 금융시장의 신뢰도 등을 고려할 때, 총 위험자산 보유한도는 DB형과 DC/IRP형 모두 현재의 70%에서 대폭 하향 조정하여야 한다. 저금리 상황에서 오히려 투자성상품의 수익률 변동성은 커진다는 자본시장의 특성과 뉴노멀 경제 질서의 영향이 상당 기간 지속하리라는 전망을 고려한다면 정부는 퇴직연금 수익자들에게 신뢰를 줄 수 있는 자산운용 규제 정책을 도모할 필요가 있다.

다섯째, 퇴직연금의 최종 수익자인 근로자 관점에서 교육훈련을 제공할 방법을 강구해야 한다. 근로자들이 퇴직연금을 둘러싼 제반 환경과 조건,

즉 퇴직연금 적립의 적정성, 금융상품과 투자 위험, 은퇴 이후 연금 설계, 투자특성 진단 등을 어느 정도 스스로 이해하고 판단할 수 있도록 도와줄 수 있어야 한다. 수익자인 근로자 관점의 퇴직연금 교육에 대하여는 이 장 제7절에서 자세히 살펴보기로 하자.

마지막으로 기업 도산·폐업 시 정부가 퇴직연금을 대신 지급하는 퇴직연금지급보증공사를 설립하자는 일부 견해가 있으나, 저자는 좀 더 신중한 검토가 필요하다고 생각한다. 기업지배구조의 투명성이 떨어지는 우리나라에서 자칫 DB형 퇴직연금을 도입한 기업의 도덕적 해이를 키우고 금융윤리에 어긋나는 방식으로 자본시장을 부양하는데 오·남용될 위험을 우려하기 때문이다. 지금 단계에서는 기업 노사관계에서 퇴직연금 부채 대비 자산 적립 비율을 높이는데 더 노력을 기울이는 게 급선무라고 본다.

저자가 제시한 개선방안들은 정부나 퇴직연금사업자를 공격하기 위한 목적이 아니다. 퇴직연금의 가입자이자 수익자인 기업과 근로자의 관점에서 퇴직연금 제도의 취지와 목적을 제대로 달성하기 위하여 노동계를 비롯한 각 이해관계자들의 노력을 북돋우고자 하는 것임을 이해해 주기 바란다.

4) 기금형 퇴직연금이라면 어떤 변화가 일어날까?

기금형 제도에서는 수익자인 근로자 관점에서 지배구조를 개선한다는 전제 아래 수탁법인 내에 앞서 저자가 제시한 연금 설계와 투자특성 진단의 내용들을 독자적인 시스템을 구축하여 수행할 수 있다. 다만 수탁법인의 운영에 필요한 비용은 상당한 정도로 증가할 것이다.

현행 계약형 제도에서도 퇴직연금사업자에게 저자가 제시한 시스템 서비스를 요구할 수 있다. 다만 지금까지와 마찬가지로 금융 윤리와 일치하지 않는 서비스를 제공하거나 부실한 서비스를 제공하더라도 이를 바로잡도록 강제할 마땅한 방법이 없다.

어느 경우든 수익자인 근로자 관점에서의 퇴직연금 교육훈련을 병행하여 실시하지 않는다면 이 절에서 문제점을 지적하고 개선방안을 제시한 내용들은 실질적인 개선을 이루기가 쉽지 않다.

정부와 노동계가 손잡고 퇴직연금의 최종 수익자인 근로자 관점에서 개선 작업을 총체적으로 계획하고 실행해 나가는 것이 필요하다고 판단하는 이유이다.

5 노후설계의 부익부빈익빈 심화

1) 퇴직연금 도입 현황 및 수령 실태와 문제점

금융감독원이 2016.10.12. 발표한 퇴직연금 영업실적 보고서(2016.6 기준)에 나타난 사업장 규모별 퇴직연금 도입 현황은 표14.와 같다.

〈표14. 사업장 규모별 퇴직연금 도입 현황〉

(단위: 개소, %)

사업장 규모	DB 단독 도입	DB, DC 동시 도입	DC 단독 도입	기업형 IRP 도입	합 계	전체 사업장수	도입비율
10인 미만	46,721	2,522	110,315	32,263	191,821	1,586,579	12.1
10~29인	27,594	2,939	53,357		83,890	202,049	41.5
30~99인	12,039	1,983	16,542		30,564	59,970	51.0
100~299인	3,456	1,172	3,671		8,299	12,059	68.8
300~499인	528	333	397		1,258	1,533	82.1
500인 이상	483	642	232		1,357	1,382	98.2
합 계	90,821	9,591	184,514	32,263	317,189	1,863,572	17.0

출처: "퇴직연금 영업실적 보고서(2016.6)", 금융감독원

상시근로자 300인 이상 사업장의 퇴직연금 도입률은 89.7%에 이르는 반면 10인~299인 사업장은 44.8%, 10인 미만 사업장은 12.1% 수준에 불과하다.

가입자 1인당 평균 적립금은 DC형이 1,226만원으로 DB형의 2,382만원에 비해 절반 수준에 불과하다. 표14.에서 보는 바와 같이 30인 미만의 중소기업은 DC형 도입 비중이 높고 300인 이상의 대기업은 DB형 도입 비중이 높다는 점을 고려하면, 대기업과 중소기업의 임금 격차가 퇴직연

금에서도 유사하게 나타나고 있음을 유추할 수 있다.

정부가 발표한 퇴직연금 가입자 수는 619만명으로 전체 상용근로자(1,259만명) 대비하여 49.2%이다. 전체 임금근로자(1,923만명)에 대비하면 32.2%에 불과하다.

퇴직연금이 은퇴 이후 연금 설계에 도움이 되고 있을까? 퇴직연금의 수령 유형별 계좌수와 금액 현황은 표15.와 같다.

〈표15. 퇴직연금 수령 유형별 현황〉

(단위: 좌, 억원, %)

구 분	일시금 수령		연금 수령		합 계	
	계좌수	금 액	계좌수	금 액	계좌수	금 액
2016 상반기 (비중)	147,784 (98.4)	30,719 (82.8)	2,389 (1.6)	6,389 (17.2)	150,173 (100.0)	37,108 (100.0)

출처: "퇴직연금 영업실적 보고서(2016.6)", 금융감독원

퇴직급여 수령 개시 계좌(15만 173좌) 중 연금 수령을 선택한 비율은 1.6%(2,389좌)에 불과하다. 더 큰 문제는 연금 수령 계좌 평균 수령액은 2억 6,743만원인데 비하여 일시금 수령 계좌의 평균 수령액은 2,079만원으로 연금 수령 계좌의 10분의 1에도 미치지 못한다는 점이다. 결국 현재 퇴직급여 수령 개시 연령에 도달한 근로자 중에서 극히 일부에게만 퇴직연금이 은퇴 이후 연금 설계에 도움을 주고 있는 셈이다.

이제까지의 퇴직연금 도입현황과 퇴직급여 수령현황 통계는 사업장 규모가 작을수록, 고용이 불안정할수록, 소득이 낮을수록 퇴직연금 사각지대에 놓일 위험이 큼을 그대로 보여주고 있다. 퇴직연금에서도 부익부빈익빈 현상은 매우 심각하다.

2) 어떻게 개선할 것인가?

첫째, 퇴직연금 도입을 의무화해야 한다. 국회와 정부는 2014~2015년 기업규모에 따라 단계적으로 퇴직연금 도입을 의무화하는 법안을 제출하였으나 통과시키지 못했다. 20대 국회에서 재추진하기를 바란다.

둘째, 계속근로기간 1년 미만의 비정규직 근로자에게도 퇴직급여 지급을 의무화해야 한다. 1,923만명에 이르는 모든 임금근로자가 퇴직연금에 가입할 수 있도록 해야 한다. 정부는 2014년 8월 사적연금 활성화 대책에서 이 내용을 발표하였으나 입법을 추진하지는 않았다. 이 역시 20대 국회에서 재추진하기를 바란다.

셋째, 현재 상용근로자 30인 이하 사업장이 가입할 수 있는 근로복지공단 퇴직연금 가입 자격을 100인 이하 사업장으로 확대하기를 바란다. 중소기업의 퇴직연금 도입 비율이 낮은 것은 사업주의 재정적 부담이 가장 큰 원인이지만 금융회사인 퇴직연금사업자에게는 상대적으로 적극적인 영업 유인이 부족한 탓도 있다. 근로복지공단이 자체적으로 보유한 퇴직연금 홍보·모집 인력 외에도 추가적으로 중소기업들에게 퇴직연금 도입을 교육·홍보·컨설팅할 수 있도록 전문 자격사를 활용하는 방안을 적극적으로 검토할 필요가 있다.

근로복지공단 퇴직연금을 향후 정부 주도로 기금형 중소기업퇴직연금으로 재편하게 된다면 양대 노총 등 중소기업 근로자의 이해관계를 대표할 수 있는 기구의 대표자와 전문가를 기금운용위원회에 참여시켜야 할 것이다. 현재 제공하고 있는 DC/IRP형에 덧붙여 DB형을 추가적으로 제공하고 표준형 DC형과 표준형 DB형을 제공하는 방식으로 재편하는 것도 검토해 볼 만하다.

넷째, 기금형 제도와 표준형 DB 제도를 추가로 도입하고 기존의 표준형

DC 제도와 더불어 노사가 주도적으로 이를 활성화함으로써 제도 선택 폭을 넓히면서도 '규모의 경제'를 통해 퇴직연금 도입 비용과 운영 비용을 낮추려는 노력이 필요하다.

다섯째, 노동소득 분배 구조를 개선하고 소득 격차를 완화하려는 노력이 필요하다. 2014년 6월 기준으로 대기업 정규직 임금수준 대비하여 대기업 비정규직 임금수준은 64.2%, 중소기업 정규직 임금수준은 52.3%, 중소기업 비정규직 임금수준은 34.6%에 머무르고 있다. 이는 퇴직연금 적립 현황에도 고스란히 반영되어 있다. 퇴직연금의 부익부빈익빈 현상은 고용 구조와 노동소득 분배 구조를 개선하려는 근본적인 노력 없이 퇴직연금 사각지대를 해소하는 것만으로는 개선하는데 한계가 있다.

여섯째, 퇴직급여 체불을 예방할 수 있도록 과거근로기간에 대한 퇴직연금 미적립분을 경영상의 여력이 있을 때마다 적립하려는 노사의 노력 역시 중요하다.

그 밖에도 연금 수령 유인을 높이고자 연금 수령 시 세금부담 경감률을 더 높이는 방안, 퇴직급여 중간정산 사유를 더 엄격하게 제한하는 방안 등을 검토해 볼만하다.

6 과소 · 불완전 적립 검증 주체와 수단 미흡

1) 기초고용질서 취약 지역에서 발생하는 문제점

앞 절에서 사업장 규모가 작을수록, 고용이 불안정할수록, 소득이 낮을수록 퇴직연금 사각지대에 놓일 위험이 큼을 설명했다. 그런데 퇴직연금에 가입한 중소영세기업과 비정규직 근로자들에게서 법정 기준 대비하여 퇴직연금이 과소·불완전 적립되어 피해를 보는 사례 역시 빈발하고 있다.

과소 적립하는 대표적인 사례는 총근로기간에 미달하는 기간에 대하여 퇴직연금을 적립하는 경우이다. 불완전 적립의 대표적인 사례로는 퇴직연금을 평균임금(※14)을 기준으로 하지 않고 통상임금(※15) 또는 기본급을 기준으로 적립하는 경우이다.

※14 평균임금: 퇴직 등 평균임금을 산정하여야 할 사유가 발생한 날 이전 3개월 동안 근로자에게 지급된 임금 총액을 그 기간의 총일수로 나눈 금액을 말함. 통상임금에 포함하지 않으나 평균임금에 포함하는 대표적인 사례로 연장근로수당, 야간근로수당, 휴일근로수당, 연차유급휴가근로수당, 기타 복리후생적 성격의 정기적 · 일률적인 지급 금품 등이 있음. 현행법은 1년 이상 근무한 근로자가 퇴직할 경우 기업이 근속년수 1년에 대하여 30일분 이상의 '평균임금'을 퇴직급여로 지급하도록 규정하고 있음.

※15 통상임금: 근로자에게 정기적 · 일률적으로 소정근로 또는 총근로에 대하여 지급하기로 정한 시간급 · 일급 · 주급 · 월급 금액 또는 도급 금액을 말함. 판례는 임금의 명칭이나 지급주기의 장단 등 형식적인 기준이 아니라 임금의 객관적 성질이 통상임금의 법적인 요건을 갖추었는지 여부에 따라 판단하며, 1임금지급기(1개월)를 초과해 지급하는 금품이 정기성 · 일률성 · 고정성이 있다면 통상임금에 포함함.

피해 근로자들은 과소·불완전 적립을 검증할 수단을 제대로 갖지 못한 채 퇴직한 기업과 퇴직연금사업자 사이에서 권리구제 수단을 찾지 못하고 피해를 감수하는 경우가 많다. 퇴직한 기업의 사용자는 퇴직급여 산정내역서를 주지 않은 채 '퇴직연금으로 모두 처리했으니 퇴직연금사업자에게 알아보라' 고 하고, 퇴직연금사업자는 '구체적인 퇴직급여 산정내역은 퇴직한 기업에 신청하라' 고 서로 떠미는 경우가 대표적이다.

중소영세기업과 비정규직 근로자들이 퇴직연금 과소·불완전 적립을 검증하지 못하는 가장 큰 이유는 뭘까? 저자는 이들이 급여명세서를 지급받지 못하기 때문이라고 생각한다. 만약 이들이 해당 기업과 근로관계를 맺고 있는 기간 동안 급여명세서를 매월 또는 매주 정기적으로 지급받았다면 자신들의 통상임금과 퇴직급여 산정에 필요한 평균임금을 계산해낼 수 있을 것이고, DB형이든 DC형이든 자신들의 퇴직연금이 제대로 적립·지급되었는지 검증할 수 있을 것이다.

법적 의무는 아니지만 기초고용질서 준수 의지를 가진 사업장의 근로자들은 대부분 기업으로부터 자신의 통장으로 급여를 받고 별도로 급여명세서를 받는다. 사업장 규모가 클수록 급여명세서를 지급하지 않는 사례를 찾아보기 힘들다. 급여명세서는 급여의 구성항목별 금액과 총지급액이 표시되어 있고 근로소득세·국민연금·건강보험·고용보험 납부액과 기타 공제액을 표시하고 차인지급액을 표시한다. 이 차인지급액이 보통 근로자의 통장으로 입금되는 급여액이다. 급여명세서를 지급하는 대부분의 기업은 퇴직하는 근로자에게 퇴직급여 산정내역서를 지급한다.

급여명세서와 퇴직급여 산정내역서를 받지 못하는 근로자들은 연장근로수당, 야간근로수당, 휴일근로수당, 연차유급휴가근로수당 등을 제대로 정산받지 못하는 경우가 대부분이다. 이러한 근로자들은 공정하지 못한 보상과 퇴직연금 과소·불완전 적립이 의심스러워 고용노동관서에 임금체불 진정을 내더라도 퇴직한 기업 사용자의 비협조와 자신의 주장을 객관적으로 뒷받침하기 어려운 사정 탓에 온전하게 구제받지 못하는 경우가 많고, 구제절차를 진행하는 동안 시간과 노력 등 많은 경제적 기회비용을 지불해야 한다.

이러한 허점을 이용하는 기업 사용자들도 간혹 있다. 비록 정부가 지연

이자 부과 제도와 과태료 등의 벌칙 규정을 두고 있지만 실질적인 과소·불완전 적립 예방 효과는 미미하다.

과소·불완전 적립을 검증하기 위한 퇴직연금사업자들의 역할에는 한계가 있다. 퇴직연금사업자는 기본적으로 기업 사용자가 제공하는 자료를 바탕으로 재정검증을 실시하기 때문이다. 퇴직연금사업자가 가입 기업 사용자의 눈치를 보지 않고 퇴직연금 수익자인 근로자 관점에서 퇴직연금 적립금액에 대하여 과소·불완전 적립 여부를 객관적으로 검증하기란 사실상 어려운 게 현실이다.

2) 어떻게 개선할 것인가?

첫째, 모든 근로자에게 급여명세서를 의무적으로 지급하도록 해야 한다. 급여명세서가 매월 지급된다면 개별 근로자 관점에서 퇴직연금 과소·불완전 적립 여부를 확인할 수 있다. 근로자 스스로 자신의 권리를 더욱 쉽게 인식할 수 있도록 제도를 개선하는 게 가장 중요하다.

급여명세서 지급 의무화 법안은 시민사회단체들의 노력으로 광범위한 지지 서명을 받아 19대 국회에서 법안을 제출하고 환경노동위원회에서 여야 간의 조율을 마쳤음에도 통과시키지 못했다. 20대 국회에서 재추진하기를 바란다.

둘째, DB형 퇴직연금 최소적립기준을 강화하여 DC형 퇴직연금과 마찬가지로 100% 이상 적립을 의무화하여야 한다. 현재 DB형의 최소적립비율은 80%이다. DB형 가입 후 과거근로기간에 대한 최소적립비율도 대폭 상향 조정하여야 한다.

셋째, 노동조합 역시 퇴직연금 과소·불완전 적립을 검증하려는 노력을 해야 한다. 매년 퇴직연금사업자가 기업의 사용자에게 통보하는 재정검증 결과는 최소적립금에 미달하는지 여부와 관계없이 노동조합(근로자 과반수가 가입한 노동조합이 없는 경우에는 근로자 전체)에게도 통보하여야 한다. 기업 노사는 재정검증 결과를 토대로 퇴직연금의 재정균형을 장기적으로 유지하기 위한 노력을 다하여야 한다. 퇴직연금으로 적립하지 않은 과거근로기간에 대한 퇴직급여를 매년 기업 경영성과를 살펴서 추가로 적립하려는 노사의 노력 역시 중요하다. 아울러 DB형에서 노동조합은 기업이 새로이 적립하여야 할 부담금을 줄일 목적으로 자신이 가진 위험 감내 능력을 넘어서서 위험자산 투자 비중을 높이지 않도록 감시할 필요가 있다.

넷째, 민관협력사업을 활용하여 퇴직연금 과소 적립과 불완전 적립을 점검할 수 있다. 고용노동부가 매년 중소기업들을 대상으로 수행하는 민관협력사업 중의 하나인 근로조건자율개선지원사업의 예산과 대상 사업장수 규모를 확대하고, 기존의 근로계약과 임금체불 예방 점검 기능에 덧붙여 퇴직연금 과소·불완전 적립 점검 기능을 중점 항목으로 추가하는 방안을 마련할 필요가 있다. 전문 자격사를 활용하여 중소기업들에게 퇴직연금 도입을 교육·홍보·컨설팅하는 방안과 병행하여 추진한다면 퇴직연금 사각지대 해소와 과소·불완전 적립 해소에 큰 도움이 될 수 있다.

현행 우리나라 퇴직연금 제도는 기업이 퇴직연금을 불충분하게 적립한 상태에서 폐업·도산하는 경우 근로자에 대한 퇴직연금 지급 보장 대책이 사실상 없다. 따라서 개별 근로자와 노동조합이 스스로 과소·불완전 적립 여부를 검증하고 이를 해결하려는 노력이 매우 중요하다.

7 근로자 관점에서 보면 매우 부실한 가입자 교육

퇴직연금 제도는 근로자의 은퇴 이후 안정적인 노후생활 보장을 목적으로 한다. 따라서 퇴직연금 가입자 교육은 퇴직연금 가입자이자 수익자인 근로자가 ① 우리나라의 5층 연금체계를 감안하여 은퇴 이후 연금설계를 할 수 있고, ② 자신의 투자특성을 고려하여 자산운용 상품유형을 선택할 수 있고, ③ 합리적인 공시 정보 비교를 통하여 자신에게 적합한 자산운용상품을 선택할 수 있고, ④ 자신의 퇴직연금 과소·불완전 적립 여부를 검증할 수 있고, ⑤ 그밖에 근로자 스스로 합리적인 의사결정을 내리는데 필요한 지식과 정보를 제공해줄 수 있어야 한다.

앞서 이 장의 제3~6절에서 근로자 관점에서 은퇴 이후 연금설계의 방법, 투자특성을 고려한 자산운용 상품유형 선택의 방법, 수익자에게 친화적인 합리적인 자산운용상품 정보 비교공시 방법, 퇴직연금 과소·불완전 적립 검증을 위한 개선방안 등에 대하여 개략적으로 살펴보았다. 각 주제별로 실태와 문제점, 개선방안을 살펴보는 과정에서 저자는 우리나라의 퇴직연금 제도 운영 실태가 퇴직연금 가입자이자 최종 수익자인 근로자의 관점에서는 아직 미흡한 점이 많다는 점을 이미 지적하였다.

앞서 살펴본 문제점들을 병행하여 개선한다는 전제 아래 퇴직연금 가입자 교육의 실태와 문제점을 살펴보고, 어떻게 개선해야 할지 알아보자.

1) 퇴직연금 가입자 교육의 실태와 문제점

퇴직연금 가입자인 근로자에 대한 교육은 교육의 내용, 교육의 주체와 방법 세 가지 측면에서 실태와 문제점을 살펴볼 수 있다. 「퇴직연금 업무처리 모범규준」(2015.12, 금융감독원)의 내용을 기초로 퇴직연금 가입자 교육의 실태와 문제점을 살펴보고자 한다.

먼저 가입자 교육의 내용을 살펴보자. 가입자 교육 내용은 퇴직연금 제도 일반에 관한 공통 내용과 가입 제도별 요구 내용으로 구분할 수 있다. 가입 제도별 요구 내용은 DB형, DC형(기업형 IRP 포함), 개인형 IRP에 따라 차이가 있다.

퇴직연금 제도 일반에 관한 공통 교육은 다음의 일반적인 내용을 포함하고 있다.

① 퇴직연금 제도별 특징 및 차이점(급여 종류, 수급여건, 급여액, 적립금 운용 주체, 추가 납입 및 중도인출 여부 등)
② 기업의 제도 운영에 관한 사항(담보대출, 중도인출, 지연이자 등)
③ 임금 관련 정보(임금의 정의, 임금산정 시 포함 · 불포함 항목 등)
④ 퇴직 시 급여 지급절차 및 IRP로의 적립금 이전
⑤ 과세체계(연금소득세, 퇴직소득세 등)
⑥ 기업이 제도 중단 또는 폐지하는 경우 처리방법
⑦ 가입자 재무관리 및 노후설계의 중요성(가입자의 소득 · 자산 · 부채 · 나이 · 근속년수 등을 고려)
⑧ 수급권 보호 관련 사항(퇴직연금사업자의 담보대출 가능 여부 및 사유 등)
⑨ 새로운 퇴직연금사업자로의 계약이전 관련 사항
⑩ 퇴직연금 청구 절차(기업 폐업 · 도산 시 포함)

DB형 퇴직연금의 가입자 교육은 다음의 내용을 포함하고 있다.

① 사업장 전체 가입자의 평균근속기간, 평균임금, 표준급여액
  ○ 평균근속기간: 사업장 전체 가입자의 평균근속기간의 합을 전체 가입자수로 나눈 값
  ○ 평균임금: 사업장 전체 가입자의 평균임금의 합을 전체 가입자수로 나눈 값
  ○ 표준급여액: 평균근속기간 및 평균임금에 해당하는 퇴직급여액
② 최근 3년간의 부담금 납입현황
③ 직전 사업연도말 기준 최소적립금 대비 적립금 현황

기준일자	기준책임준비금	최소적립금	적립금액	적립비율

○ 기준책임준비금: 기업의 퇴직급여 지급능력을 확보하기 위하여 법령에 따라 산정한 금액

ㅇ 최소적립금: 기준책임준비금에 최소적립비율(2016~2017: 80%)을 곱하여 산출한 금액

④ 재정안정화계획서를 작성하는 경우 계획서 및 이행상황

⑤ 적립금 운용현황, 운용목표

⑥ 적립금이 기준책임준비금을 초과한 경우 처리기준

DB형 가입자 교육 내용의 문제점과 개선할 점은 다음과 같다.

첫째, 가입자인 근로자는 산출일 기준 자신의 근속기간, 평균임금, 급여액을 알 수 없다. 따라서 자신의 퇴직급여를 연금으로 수령하는 경우의 예상금액 역시 알 수가 없다. 더구나 기업이 표준급여액의 산출 및 공개를 원치 않는 경우에는 해당 산업별 표준급여액을 안내할 수 있도록 하고 있는데, 이는 가입자이자 최종 수익자인 근로자의 권익과는 매우 동떨어져 있다. 근로자 관점에서 산출일 기준으로 근로자 개개인별로 근속기간, 평균임금 산출내역, 급여액을 알려주고 자신의 급여액을 연금으로 수령할 경우의 예상금액 역시 알려주어야 한다.

둘째, 최근 3년간의 부담금 납입내역만을 안내하고 있다. 심지어 간사기관이 아닌 퇴직연금사업자가 협조하지 않을 경우 간사기관의 부담금 납입내역만을 안내할 수 있도록 하고 있다. 가입 이후 모든 부담금 납입내역을 연차별로 제공하고 모든 퇴직연금사업자에게 납입한 부담금 납입내역을 제공하는 게 바람직하다.

DC형(기업형 IRP 포함) 퇴직연금의 가입자 교육은 다음의 내용을 포함하고 있다.

① 기업의 부담금 수준, 부담금 납입시기 및 납입현황

② 장기투자 및 분산투자 등 안정적 투자 원칙

③ 퇴직연금사업자가 제시하는 적립금 운용방법별 위험과 수익

④ 표준형DC의 경우 표준규약 및 표준계약서의 내용

DC형 가입자 교육 내용의 문제점과 개선할 점은 다음과 같다.

첫째, 가입자인 근로자가 기업의 과소·불완전 적립 여부를 알 수가 없다. 근로자의 매년 평균임금 산정내역을 알려주고 평균임금 대비한 기업의 부담금액을 알려주어야 한다.

둘째, 가입자인 근로자가 기업의 부담금 납입내역과 자산운용성과 내역을 한눈에 알 수가 없다. 퇴직연금사업자는 가입 이후 기업이 부담한 모든 부담금 납입내역과 퇴직연금 자산운용성과를 연차별로 제공하여 근로자가 한눈에 비교할 수 있도록 하여야 한다. 근로자 관점에서 자신의 누적 적립액을 연금으로 수령할 경우의 예상금액 역시 알려주어야 한다.

개인형 IRP 퇴직연금의 가입자 교육은 다음의 내용을 포함하고 있다.

① 법령에 따른 연간 부담금 납입한도
② 연금/일시금 수급 요건 및 중도인출
③ 과세체계(연금소득세, 퇴직소득세 등)
④ 가입자 재무관리 및 노후설계의 중요성(가입자의 소득 · 자산 · 부채 · 나이 · 근속년수 등을 고려)
⑤ 개인형 IRP의 수급권 보호 관련 사항
⑥ 개인형 IRP의 계약이전 관련 사항
⑦ 장기투자 및 분산투자 등 안정적 투자 원칙
⑧ 퇴직연금사업자가 제시하는 적립금 운용방법별 위험과 수익

개인형 IRP 가입자 교육 내용에서도 DC형과 마찬가지로 가입자인 근로자가 개인형 IRP 부담금 납입내역과 자산운용성과 내역을 한눈에 알 수가 없다. 퇴직연금사업자는 가입 이후의 모든 부담금 납입내역과 퇴직연금 자산운용성과를 연차별로 제공하여 근로자가 한눈에 비교할 수 있도록 하여야 한다. 근로자 관점에서 자신의 누적 적립액을 연금으로 수령할 경우의 예상금액 역시 알려주어야 한다.

다음으로 가입자 교육의 주체를 살펴보자. 퇴직연금 제도를 설정한 기업은 매년 1회 이상 가입자에게 퇴직연금 제도 운영상황 등에 대한 교육을 실시하여야 한다. 그런데 대부분의 기업은 퇴직연금사업자에게 그 교육의 실시를 위탁하고 있다. 이는 기업의 퇴직연금 담당자들이 아직 퇴직연금에 대한 전문성과 책임성을 갖추지 못하고 있기 때문이기도 하고, 퇴직연금을 근로자 생애복지 강화 차원에서 노사관계의 새로운 경쟁력 창출요인으로 인식하지 못하고 있기 때문이기도 하다. 다만 퇴직연금 부담금 납입 주체인 기업은 퇴직연금 최종 수익자인 근로자와 재원 배분을 둘러싼 이해상충의 요인을 안고 있다는 점에서 가입자 교육의 주체로는 적절치 않을 수 있다.

노동조합은 이해상충의 우려가 가장 적고 근로자 대표성을 가진다는 점에서 퇴직연금에 대한 전문성과 책임성을 갖추게 된다면 근로자 관점에서 교육을 실시하기에 가장 적합한 주체일 수 있다. 다만 기업과 퇴직연금사업자 관점에서는 가장 꺼려하는 교육 주체일 수 있다.

현재 대부분 퇴직연금사업자가 위탁받아 실시하고 있는 가입자 교육은 연 1회 이상 정기적인 퇴직연금 운용현황 통지 의무 이행과 퇴직연금 제도 일반에 대한 정보 제공에 많은 부분이 할애되어 있다. 근로자들의 은퇴 이후 연금설계 능력, 투자특성을 고려한 자산운용 설계 능력, 자산운용상품 정보에 대한 합리적인 비교 능력, 퇴직연금 과소·불완전 적립 검증 능력 등을 향상시키기 위한 가입자 교육을 적극적으로 실행하려는 의지와 노력은 찾아보기 힘들다. 또한 근로자 관점에서 객관적인 정보를 쉽게 제공하려고 노력하기보다는 퇴직연금사업자 관점에서 근로자의 퇴직연금 수급권을 위협할 수 있는 방식으로 정보를 제공할 위험성을 안고 있다.

이는 퇴직연금사업자는 부담금 납입 주체인 기업 및 퇴직연금 최종 수익자인 근로자 사이에서 퇴직연금사업자 자신의 이익을 극대화하고자 하는 이해상충 가능성과 대리인 문제를 항상 안고 있기 때문이다. 따라서 퇴직연금 가입자가 적극적으로 추가적인 개선 요청을 하지 않는 한 퇴직연금사업자가 원하는 방식으로 교육이 이루어질 가능성이 매우 높다.

기업과 퇴직연금사업자가 모두 이해상충 때문에 퇴직연금 가입자 교육의 주체로 적절하지 않다면, 이해상충의 우려로부터 비교적 자유롭게 근로자 관점에서 객관적이고 중립적인 교육을 제공할 수 있는 제3의 독립된 전문 교육기관을 설치하는 방안을 검토해 볼만하다.

마지막으로 가입자 교육의 방법을 살펴보자. 현재 교육방법은 집합 교육(직원연수, 회의, 강의 등), 온라인 교육, 서면 교육, 전자우편(이메일) 교육, 상시 게시(홈페이지 등) 등을 사용하고 있다. 퇴직연금 도입 시기에 주로 집합 교육을 실시하고 도입 후에는 서면/온라인/전자우편/상시 게시 등의 방법으로 교육을 실시하는 비중이 높아진다.

서면/온라인/전자우편/상시 게시 등의 교육 방법은 실질적인 수강 여부 및 교육 효과와 만족도를 파악하는데 한계가 있다. 반면 집합 교육의 경우 기업이 부담해야 할 기회비용이 증가하고 근로자 개개인의 특성에 맞춘 교육 수요를 만족시키기에는 한계가 있다. 근로자 개인에 대한 상담 및 컨설팅을 병행할 수 있는 교육 방안 수립이 필요한 이유이다.

2) 어떻게 개선할 것인가?

퇴직연금 가입자인 근로자들이 연금 설계, 자산운용, 금융 및 투자 등에 대한 객관적이고 정확한 지식과 합리적인 선택 능력을 갖출수록 근로자들의 안정적인 노후생활 보장, 금융 산업의 건전하고 지속적인 발전, 정부의 감독·규제 비용의 완화 등을 동시에 달성할 수 있다는 점에서 가입자 교육은 매우 중요한 위치를 갖는다. 따라서 기업 또는 퇴직연금사업자의 관점이 아닌 수익자인 근로자 관점에서 가입자 교육을 개선할 수 있는 방안을 찾아보자.

첫째, 근로자 관점에서 객관적이고 중립적인 교육을 제공할 수 있는 제3의 독립된 전문 교육기관을 설치하여야 한다. 전문 교육기관의 구성원들은 금융회사에 '포섭'(capture)되지 않고 근로자의 이익을 우선하는 상태에서 근로자들에게 ① 은퇴 이후 연금설계 ② 투자특성 진단과 자산운용 상품유형 결정 ③ 퇴직연금상품 공시 정보 비교 ④ 퇴직연금 과소·불완전 적립 여부 검증 ⑤ 기타 금융지식과 정보 제공 등의 임무를 수행할 수 있어야 한다. 여기에 덧붙여 근로자 개개인의 상담 및 컨설팅 수요를 감당해낼 수 있는 전국적인 네트워크 체계를 구성할 수 있다면 가장 바람직할 것이다.

이러한 교육기관은 정부와 노동계가 주도하여 설치하여야 한다. 여기에 독립성과 전문성·윤리성을 갖춘 전문 자격사 그룹을 포함시켜 컨소시엄을 구성하는 방안을 검토해 볼만하다. 한편으로는 금융지식 교육·컨설팅에 전문성·윤리성을 갖추고 투자특성 진단, 상품정보 비교 등을 담당할 전문 자격사 그룹이 필요하고, 다른 한편으로는 기업 인사노무와 노사관계 및 노동관계법령 등에 전문성·윤리성을 갖추고 퇴직연금 제도 설계, 퇴직연금 과소·불완전 적립 여부 검증 등을 담당할 전문 자격사 그룹이 필요하다.

퇴직연금사업자를 비롯한 금융업계와 이에 '포섭' 위험성이 높은 컨설팅업계 등이 전문 교육기관 구성을 주도하게 된다면 근로자의 이익을 우선하기보다 퇴직연금사업자를 비롯한 금융업계의 이익을 배려하기 위하여 근로자들의 이익을 희생시킬 가능성이 높아질 수밖에 없다.

둘째, 연금설계 프로그램, 투자특성 진단 프로그램, 근로자 관점에서의 퇴직연금상품 및 퇴직연금사업자 비교공시 시스템 재정비 등 정부가 주도하여 체계적이고 표준화된 시스템을 제공해야 한다. 비교공시 시스템의 구체적인 재정비 방안은 이 장 제3절에서 논의하였고 표준적인 연금설계와 투자특성 진단 방안에 대하여는 제4절에서 논의하였다. 정부가 이러한 표준화된 시스템을 설계·구축하는 과정에서 제3의 독립된 전문 교육기관 설치를 병행하여 진행할 수 있을 것이다. 이는 가입자 교육에도 매우 폭넓게 활용할 수 있기 때문이다.

셋째, 표준화된 퇴직연금 자산운용현황 보고서를 근로자들에게 제공해야 한다. 퇴직연금 자산운용에 대한 정보는 정부가 제공하는 비교공시 시스템의 재정비 방안과 동일하게 정비하여 근로자들이 쉽게 비교할 수 있어야 한다. 아울러 근로자 관점에서 퇴직연금 과소·불완전 적립 여부를 검증할 수 있도록 개인별 평균임금 산정내역과 급여액, 부담금 납입내역 정보를 제공해야 한다. 적립액을 연금으로 수령할 경우의 예상금액을 알려주어 연금 설계에 참고할 수 있게 해야 한다.

넷째, 기업 및 노동조합이 퇴직연금 가입자 교육의 중요성을 적극적으로 인식하려는 노력이 필요하다. 기업은 퇴직연금이 인적 자원 관리 영역에서 새로운 경쟁력 창출 요인이 될 수 있음을 인식하여야 하고, 노동조합은 근로자들에게 퇴직연금 관련 권리의식과 금융지식을 함양하기 위한 교육훈련을 강화해야 한다. 특히 퇴직연금사업자가 시장을 주도하면서 잘못 알려진 상식들을 깰 수 있어야 하고 근로자 관점에서 교육이 이루어지게 해야 한다. 기업과 노동조합이 근로자 개개인에 대한 상담 및 컨설팅을 병행할 수 있는 방안을 수립하려는 노력도 반드시 필요하다.

제2장

퇴직연금에 대한 편견 7가지 들여다보기

1. DB형이 근로자 수급권과 위험 관리 측면에서 DC형보다 더 안전하다 (?)
2. DC형에 가입하면 임금인상분을 반영 못하니까 손해를 본다 (?)
3. DB형은 대기업 · 장기근속자 · 연공급제 근로자에게 적합하고, DC형은 중소기업 · 저연령자 · 성과급제 근로자에게 적합하다 (?)
4. 퇴직연금사업자를 잘 골라서 계약해야 퇴직연금이 더 안전하다 (?)
5. 근로자는 자발적 추가납입 시에만 퇴직연금사업자에게 수수료를 부담한다 (?)
6. 선진국 퇴직연금은 위험자산인 주식투자 비중이 높아서 수익률이 높다 (?)
7. 퇴직연금은 공적 연금인 국민연금을 약화시킨다 (?)

10여 년 전 퇴직연금 제도 도입 초기에 노동계는 퇴직연금 제도 입법을 반대했다. 퇴직연금 제도 입법은 정권과 자본의 자본시장 부양 의도에서 탄생했고 공적 연금인 국민연금을 약화시키고 사적 연금을 확대하기 위한 것에 불과하다고 비판했다. 투자위험으로 말미암아 퇴직금의 손실가능성이 커질 것이라고도 했다. 산별 퇴직연금 도입을 위한 기금형 제도를 입법하기 전에는 퇴직연금 도입을 반대하거나 유보하자는 입장을 견지하기도 했다.

결과적으로 퇴직연금의 실질적인 가입자이자 최종 수익자인 근로자를 대표하는 노동계는 가장 중요한 시기인 제도 도입 초기 10여 년 동안 소극적이고 수동적인 역할에 머무르고 말았다.

노동계가 여러 가지 이유를 들어 퇴직연금 도입에 반대하거나 소극적인 입장을 견지하는 상태에서 퇴직연금 시장은 자연스럽게 정부와 퇴직연금사업자인 금융업계가 주도하게 되었다. 금융 윤리는 퇴직연금 자산을 수탁 관리하는 대리인인 퇴직연금사업자가 최종 수익자인 근로자 관점에서 선량한 관리자로서의 충실의무를 다할 것을 요구한다. 하지만 수익자인 근로자는 노동계의 소극적이고 수동적인 역할 속에서 제대로 권리를 주장할 수 없었다. 근로자의 퇴직연금과 관련한 권리의식과 금융지식을 함양하려는 노동계의 노력도 몹시 소홀했다. 이런 상황에서 퇴직연금사업자들과 금융업계가 금융 윤리를 온전히 지키지 않는 건 자연스러운 현상이다.

정부는 우리나라의 인구통계학적 특성, 세계 최고의 저출산과 고령화 속도를 고려하여 시급히 퇴직연금 제도를 정착시켜야 했다. 근로자의 안정적인 노후생활 보장을 위한 노력은 매우 절실했다. 퇴직연금 규모가 500조원 규모의 국민연금보다 더 커질 것이라는 전망을 고려하여 금융 산업의 발전과 국가 경쟁력에도 크게 기여하기를 기대했다. 퇴직연금 제도 도입 시기는 정부가 동북아 금융허브 전략을 추진하면서 「자본시장과 금융투자업에 관한 법률」을 정비한 시기와 겹치기도 한다.

노동계의 소극적 역할 속에 정부와 퇴직연금사업자가 퇴직연금 초기 시장을 주도하면서 여러 가지 편견들이 만들어지거나 생겨났다. 10여 년이 지난 지금 대부분의 편견들은 바로잡히고 있지만 여전히 상당한 영향력을 발휘하면서 작동하고 있는 편견들도 있다.

이 장에서는 퇴직연금 도입 초기의 편견들을 살펴봄으로써 퇴직연금의 실질적인 가입자이자 최종 수익자인 근로자 관점에서 퇴직연금을 바라보는 관점들을 새로이 세워보고자 한다. 다음 7가지 주제로 핵심적인 편견들을 정리하여 그 내용을 살펴보자.

1. DB형이 근로자 수급권과 위험 관리 측면에서 DC형보다 더 안전하다 (?)
2. DC형에 가입하면 임금인상분을 반영 못하니까 손해를 본다 (?)
3. DB형은 대기업·장기근속자·연공급제 근로자에게 적합하고, DC형은 중소기업·저연령자·성과급제 근로자에게 적합하다 (?)
4. 퇴직연금사업자를 잘 골라서 계약해야 퇴직연금이 더 안전하다 (?)
5. 근로자는 자발적 추가납입 시에만 퇴직연금사업자에게 수수료를 부담한다 (?)
6. 선진국 퇴직연금은 위험자산인 주식투자 비중이 높아서 수익률이 높다 (?)
7. 퇴직연금은 공적 연금인 국민연금을 약화시킨다 (?)

1 DB형이 근로자 수급권과 위험 관리 측면에서 DC형보다 더 안전하다 (?)

퇴직연금의 최종 수익자인 근로자 관점에서 수급권의 안전성은 기업이 얼마나 충실하게 부담금을 적립했는가, 즉 완전적립비율에 따라 결정된다. 그리고 퇴직연금 자산운용의 위험성은 퇴직연금상품 유형에 따른 위험자산 투자한도와 그밖에 법적 보호장치(예. 퇴직연금지급보증공사, 예금자보호법 등)에 따라 결정된다. 우리나라는 DB형 퇴직연금을 지급 보증하는 별도의 장치는 두고 있지 않으며, DC형과 IRP형의 원리금보장상품에 대하여 예금자보호법을 적용하고 있다. 법적 보호장치에 따른 퇴직연금 자산운용의 위험성에 대하여는 이 장 제4절에서 살펴보기로 한다.

1) 수급권의 안전성은 얼마나 완전적립 했는가에 달려있다

먼저 근로자의 퇴직연금 수급권 관점에서 DB형과 DC형을 비교해보자.

DB형은 근로자가 받을 퇴직급여가 근로자가 퇴직하는 시점에 비로소 확정되는 제도이다. 만약 기업이 기업 명의의 계좌로 관리하는 DB형 퇴직연금을 불완전 적립(under funded)한 상태에서 추가적인 자산 없이 도산한다면 근로자들은 자신이 받아야 할 퇴직급여 대비하여 퇴직연금 적립비율 범위 내에서 퇴직연금사업자에게 청구할 수 있게 된다. 전체 근로자들의 전체 근로기간에 대해서 퇴직연금에 적립하지 않은 비율이 높을수록 근로자의 퇴직연금 수급권은 보장받지 못한다.

DC형(기업형 IRP 포함)은 근로자가 받을 퇴직급여를 기업이 매년 근로자의 계좌로 정산하여 적립해주는 제도이다. 만약 기업이 추가적인 자산 없이 도산한다면 근로자는 이제까지 기업이 자신의 계좌로 적립한 금액만큼 퇴직급여 수급권을 보장받은 것이다. 자신의 계좌인 만큼 별도로 퇴직연금사업자에게 청구할 필요가 없다. 근로자 전체 근로기간 중에서 퇴직연금 가입 이전의 과거근로기간에 대하여 적립하지 못한 부분과 기업이 마지막으로 적립한 이후의 근로기간에 대해서는 보장받지 못한 것이다. 기업이 퇴직연금 가입 이전의 과거근로기간에 대하여도 정산하여 적립해주었다면 기업이 마지막으로 적립한 이후 수개월의 근로기간에 대해서만 보장받지 못한 것이다.

DB형과 DC형 모두 근로자의 전체 근로기간에 대하여 퇴직연금을 적립한 비율이 얼마나 높은가에 따라 근로자의 수급권이 얼마나 높은가가 결정된다. 즉 완전적립(fully funded) 상태에 얼마나 가까운가가 근로자의 수급 안정성을 가늠하는 잣대이다.

따라서 DB형이 근로자 수급권 측면에서 DC형보다 더 안전하다는 것은 옳지 않은 표현이다. 오히려 현행 규정상 DB형은 최소적립비율이 80%이고 과거근로기간분에 대한 최소적립비율은 이 보다도 낮은데 비하여 DC형은 매년 평균임금 30일치 100% 이상을 적립해야 하기 때문에, 퇴직연금 도입 이전의 과거근로기간에 대한 적립 정도가 유사하고 최소적립비율에 맞추어 부담금을 적립해나가고 있는 기업의 경우라면 DC형이 DB형보다 더 근로자의 퇴직연금 수급권을 보장하고 있을 가능성이 높다. [기업 도산 시 임금채권보장법에 따라 정부가 최종 3년분의 퇴직급여를 보장해주는 제도의 효과는 이 절의 논의에서 제외함.]

기업과 노동계가 근로자의 퇴직연금 수급권을 높이기 위해서는 DB형과 DC형 모두 과거근로기간에 대한 적립을 포함하여 완전 적립을 위한 노력을 소홀히 해서는 안 된다.

2) DB형이든 DC형이든 근로자는 결국 퇴직연금 자산운용의 위험을 부담한다

다음은 퇴직연금 자산의 위험 관리 측면에서 DB형과 DC형을 비교해 보자.

흔히 DB형은 퇴직연금 자산운용 위험을 기업이 부담하고 DC형은 근로자가 부담한다고 한다. 과연 그럴까?

DB형은 기업이 기업 명의의 계좌로 근로자가 받을 퇴직연금 자산을 관리한다. 기업은 예상보다 좋은 자산운용 실적을 거둘 경우 다음 해에 새로이 적립해야 할 부담금의 규모를 줄일 수 있고, 예상보다 못한 자산운용 실적을 거둘 경우 다음 해에 새로이 적립해야 할 부담금의 규모를 늘려야 한다. 퇴직연금 자산 운용수익과 손실 모두 기업 명의의 계좌로 반영하기 때문에 형식적으로는 기업이 운용 위험을 부담한다고 할 수 있다.

그러나 조금 더 들여다보면 DB형 역시 실질적으로는 근로자가 퇴직연금 자산운용 위험을 감수한다는 점을 알 수 있다. 이는 DB형 퇴직연금 역시 최종 수익자는 근로자인 점에 기인한다.

기업이 DB형 퇴직연금 자산운용에서 손실을 보게 되면 그 다음 해에 새로이 적립해야 할 부담금의 규모가 커지기 때문에 단체교섭에서 임금 인상 재원을 확보하는데 상대적으로 어려움을 겪을 수밖에 없다. 만약 DB형 퇴직연금을 불완전 적립(under funded)한 상태에서 기업이 추가적인 자산 없이 도산한다면 실제로는 그 피해가 고스란히 근로자들에게 퇴직금 체불로 돌아간다. 물론 기업이 DB형 퇴직연금 자산운용에서 좋은 수익을 얻는 경우에는 그 다음 해에 새로이 적립해야 할 부담금의 규모를 줄일 수 있기 때문에 단체교섭에서 임금 인상 재원을 확보하는데 상대적으로 어려움을 덜 겪을 수 있다.

결국 DB형에서 어느 경우든 실질적으로는 기업과 근로자가 함께 퇴직연금 자산운용 위험을 감수한다는 점과 치명적인 피해는 근로자에게 훨씬 크다는 점을 명심해야 한다.

반면 DC형은 근로자가 근로자 자신 명의의 계좌로 퇴직연금 자산을 관리한다. 퇴직연금 자산 운용수익과 손실 모두 근로자 자신 명의의 계좌로 반영하기 때문에 형식적으로나 실질적으로나 근로자 자신이 운용 위험을 부담한다. 따라서 근로자 개인이 주관적으로 인식하는 투자성향에 앞서 개인별 필요로 하는 은퇴 이후 연금 수준, 자산·소득 수준과 연령 등 객관적 지표를 우선적으로 고려한 투자특성을 정기적으로 진단할 수 있도록 의무화해야 한다. 근로자가 알지도 못하는 사이에 투자위험을 감수하게 만드는 적격운용방법(근로자 운용지시가 없는 경우 투자성 자산운용 상품의 디폴트 옵션)을 도입하려는 정부의 노력은 근로자들의 투자특성 진단 관행을 정착시키고 자본시장의 투명성·도덕성에 대한 신뢰를 형성한 이후에 도모하는 것이 바람직하다.

그렇다면 DB형이 위험관리 측면에서 DC형보다 더 안전하다고 말할 수 있을까? 결코 아니다. 앞서 제1장 제4절에서 경기침체의 시기에 기업의 도덕적 해이와 맞물려 미국의 DB형 퇴직연금이 커다란 위기에 처한 사례를 살펴본 바 있다. 기업이 근로자 자신보다 퇴직연금을 더 안전하게 관리·운용해줄 수 있으리란 믿음은 환상에 불과하다.

우리나라 DB형의 경우 아직까지는 대부분의 자산을 원리금보장상품으로 운용하고 있다. 그러나 향후 정부가 기금형 제도의 도입을 통해서 투자성상품의 운용 비중을 높여나가고자 한다면 기업의 도덕적 해이를 예방하기 위한 엄격한 규제를 병행해야 할 것이다. 재벌기업을 비롯한 그룹사·지주사의 계열사들이 기금형 제도에서 자사이기주의 관점으로 계열금융회사에 기금 몰아주기와 계열사 채권·주식의 편입비중 확대 등을 통한 기업지배구조 방어 수단에 활용할 경우 퇴직연금 수급자인 근로자의 이해관계를 심각하게 훼손할 수 있기 때문이다.

저자는 우리나라 정부와 금융회사들이 자본시장을 부양할 목적으로 기업과 근로자들에게 과도한 투자위험을 감수하게 하려는 시도에 앞서 자본시장의 건전성에 대한 신뢰를 높이려는 노력을 먼저 경주해야 한다고 생각한다.

2 DC형에 가입하면 임금인상분을 반영 못하니까 손해를 본다 (?)

1) 왜 OECD 국가들은 DB형에서 DC형으로 전환하는 추세인가?

OECD 국가들의 퇴직연금 주요 추세는 DB형에서 DC형으로 전환하고 있다는 점이다. 특히 2008년도에 전 세계적인 금융위기를 겪은 이후에는 각국 정부가 DC형으로의 전환을 더욱 권장하고 있다. 2008년 하반기 미국 대선에서는 DC형 퇴직연금으로의 전환 이슈가 주요 정책 과제로 등장하기도 했다. 2000년대 초반부터 주식시장 버블 붕괴와 기업들의 도덕적 해이가 맞물려 DB형 퇴직연금을 운영하던 많은 기업들이 파산 위기에 내몰렸고, 기업 파산 시 DB형 퇴직연금 지급을 보증하는 연금지급보증공사 역시 적자를 거듭하며 부실해졌기 때문이다.

OECD 국가들이 DC형으로 전환하는 추세를 보이는 데에는 기업, 근로자, 정부 3자의 관점에서 각각 장점이 크기 때문이다. 기업 관점에서는 1년 단위의 퇴직연금 기여분 정산을 통해 재무회계 관리가 편리해지고 자산운용의 변동성 위험을 줄일 수 있다. 기업 스스로 도덕적 해이에 빠질 수 있는 위험을 방지할 수도 있다. 근로자 관점에서는 퇴직연금을 미래 자산이 아닌 현재 보유자산으로 인식하여 개인별 완전 적립 여부를 확인할 수 있고, 자신의 생애 투자 특성과 투자 가치관을 반영하여 자신의 책임 하에 포트폴리오를 구성할 수 있다. 자신의 장수위험을 스스로 관리할 수 있다. 정부 관점에서는 특정 기업의 퇴직연금 자산을 이용한 도덕적 해이가 국가 경제와 산업 전후방에 미칠 수 있는 전이 위험을 축소하고 산업 정책과 재정·금융 정책의 안정성을 높일 수 있다.

2) 우리나라는 왜 DB형 적립비율이 높았을까?

반면 우리나라는 제1장 제2절 〈표4. 퇴직연금 제도유형별, 자산운용방법별 적립금액 현황〉에서 보는 바와 같이 DB형의 적립금액 비율이 DC형(기업형 IRP 포함)에 비하여 현저히 높다. DB형 적립금액은 약 86조원으로 전체 퇴직연금 적립금액의 3분의 2인 67%에 이르고, DC형 적립금액은 약 31조원으로 24%에 불과하다. 나머지 9%는 개인형 IRP 적립금액이다.

저자의 생각으로는 우리나라에서 DB형 적립금액 비율이 높은 이유는 크게 두 가지이다. 첫째, DB형 퇴직연금이 종래의 퇴직금 사외적립 방식과 유사하여 기업 노사가 퇴직연금 도입에 비교적 어려움이 덜 했기 때문이다. 둘째, 근로자들과 노동계가 DC형의 경우 DB형 대비하여 퇴직 시점의 최종 퇴직급여 적립예상액이 적을 것을 우려하여 DC형 도입을 반대하는 경우가 많았기 때문이다. 제1장 제5절 〈표14. 사업장 규모별 퇴직연금 도입 현황〉을 보면 기업 규모가 커질수록 DB형 도입비율이 높다는 점에서 노동조합이 잘 조직된 곳에서 DC형 도입에 더 소극적이었음을 유추할 수 있다.

그런데 DC형을 도입하면 DB형 대비하여 최종 퇴직급여 적립예상액이 더 적을 것이라는 우려는 무엇 때문일까? 이는 DC형을 도입할 경우 기업은 매년 근로자 개인 평균임금의 12분의 1만을 부담할 뿐이고, 퇴직연금 운용 수익률은 근로자의 승진·승급 및 임금인상에 따른 평균임금 상승률을 따라갈 수 없다고 보았기 때문이다. 더구나 퇴직연금 운용 수익률을 높이기 위해서는 근로자 스스로 원금 손실의 투자 위험을 부담해야 한다는 점도 큰 부담이었다. 따라서 원금 손실의 투자 위험을 피하려는 지극히 일반적이고 상식적인 태도를 가진 일반 투자자의 관점에서 볼 때 노동조합이 잘 조직된 곳에서 DC형 도입에 소극적인 태도를 취한 것은 합리적인 선택이었다고 볼 수 있다.

3) DC형에서 매년 평균임금 12분의 1을 초과하여 적립할 수 있는 방법들

퇴직연금 제도 도입 초기와 달리 지금은 DC형을 도입할 경우 기업이 매년 근로자 개인 평균임금의 12분의 1만을 부담할 수밖에 없다는 편견은 조금씩 줄어들고 있다. 기업들이 DC형 퇴직연금을 적극 활용하면 인적자원 관리 영역과 노사관계에서 새로운 경쟁력 창출 요인이 될 수 있음을 인식하기 시작했다. 퇴직연금의 세제혜택과 과세이연 효과를 활용하여 근로자 생애복지를 강화하고 우수한 인적 자원 채용·유지의 수단으로 활용하려는 기업들이 늘고 있다.

퇴직연금 역시 결국 총액 임금의 한 지급형태일 뿐이므로 기업의 자산운용 위험 부담을 낮추면서 근로자의 과세이연과 세제혜택 등을 고려하여 임금 총액 재원의 범위 내에서 임금 지급방식을 재설계하는 관점에서 접근하고 있다. 퇴직연금사업자들도 퇴직연금 제도 도입 초기와 달리 노동조합의 우려를 불식시키고 기업 노사의 욕구를 모두 충족할 수 있는 다양한 방법들을 제시하고 있다. 이 방법들은 여러 개를 조합하여 사용할 수도 있다.

매년 임금과 복리후생 등에 대한 단체교섭을 실시해야 하는 노사관계에서 현명한 기업과 노동조합이라면 퇴직연금의 완전 적립을 위한 노력을 병행하는 게 바람직하다. 만약 노동조합이 현재 임원 임기 중의 임금인상률을 높게 보이게 하려고 퇴직연금 부채 비율을 높이면서 퇴직연금 완전 적립을 위한 노력을 소홀히 한다면 이는 단기 성과주의에 매몰된 노동조합의 도덕적 해이로 비난받아 마땅하다. 합리적인 노사라면 퇴직연금 제도가 DB형이든 DC형이든 결국 퇴직연금 적립 재원을 포함하여 단체교섭 총액 재원을 확정하기 위한 교섭을 하는 게 바람직하다.

따라서 근로자 관점에서 승진·승급·임금인상에 따른 평균임금 상승분을 고려했을 때 DB형 대비 최종 수령금액이 적을 것을 우려하여 근로자의 수급권이 보다 명확한 DC형으로의 전환이 망설여진다면, 기업 노사는 단체교섭 총액 재원의 범위 내에서 이를 극복할 다양한 방법들을 창의적으로 개발할 수 있다.

근속년수와 생산성을 고려하여 누진적으로 기여하는 방법, 승진·승급 및 임금인상에 따른 평균임금 상승분을 추가 적립해주는 방법, 성과 보상을 포함하여 매년 평균임금 12분의 1을 초과하여 기여하는 방법 등이 그것이다.

① 근속년수와 생산성을 고려하여 누진적으로 기여하는 방법

기업이 누진적으로 기여하는 방법에는 일률 누진제와 차등 누진제를 생각할 수 있다.

일률 누진제는 근속년수와 관계없이 12분의 1을 초과하는 같은 비율로 매년 퇴직연금을 적립해주는 방식이다. 예를 들면 모든 근로자에게 매년 근로자 개개인의 1.5개월치 통상임금(이 때 1.5개월치 통상임금은 확실히 매년 1.0개월치 평균임금을 상회함을 가정함)에 해당하는 금액을 적립해주는 경우이다. 기업 입장에서 보면 임금 인상과 퇴직연금 적립 재원을 예상하기에 가장 단순하고 편리한 방식이다.

차등 누진제는 근속년수에 따라 평균 생산성을 고려하여 12분의 1 이상의 다른 비율로 매년 퇴직연금을 적립해주는 방식이다. 예를 들면 입사 5년차까지는 매년 근로자 개개인 평균임금의 1.2개월치를, 입사 5년 초과 10년 이하까지는 1.5개월치를, 10년 초과 15년 이하까지는 1.8개월치를, 15년 초과 20년 이하까지는 1.5개월치를, 20년 초과부터는 1.2개월치를 적립해주는 경우이다. 기업 입장에서 보면 임금 인상과 퇴직연금 적립 재원을 예상하기에 다소 복잡할 수 있으나 근속년수에 따른 평균적인 생산성을 고려하여 장기근속을 도모하는데 활용할 수 있다.

② 승진 · 승급 및 임금인상에 따른 평균임금 상승분을 추가 적립해주는 방법

DB형 제도를 유지할 경우와 비교하여 DC형을 도입함으로써 기업이 절감할 수 있는 비용에 해당하는 부분만큼을 근로자에게 추가 적립금으로 제공하는 방식이다. 매년 근로자 개인별로 전년도 대비 승진·승급 및 임금인상에 따른 평균임금 상승분을 추가 적립할 때, 기업이 DB형으로 운용했더라면 얻을 수 있었던 운용수익률(회사 예상 운용수익률, 예를 들면 전년도 원리금보장상품 평균 수익률)에 해당하는 금액을 차감하고 적립할 수도 있을 것이다. 근로자 개인이 전년도에 DC형 원리금보장상품으로 운용했다면 유사한 운용수익률을 얻을 수 있었을 것이기 때문이다. 근로자 개인이 DC형 투자성상품으로 운용했을 경우에는 투자 위험을 근로자 스스로 부담한 것이므로 투자성상품과의 운용수익률 차이를 보상하지 않고 원리금보장상품 운용수익률과의 차이를 보상하는 것이 합리적일 것이다.

③ 성과 보상을 포함하여 매년 평균임금 12분의 1을 초과하여 기여하는 방법

경영성과급의 전부 또는 일부를 DC형에서 기업 부담금으로 적립해주는 방식이다. 여기에서 경영성과급은 기업 경영실적에 따라 일시적·부정기적으로 노사 협약 또는 사용자의 재량으로 결정하여 지급하는 급여이며, 퇴직급여 산정 시 일반적으로 평균임금에 포함하지 않는 급여를 말한다. 경영성과급을 근로자의 급여계좌로 지급할 경우 근로소득세를 적용받지만, DC형 퇴직급여 계좌로 지급할 경우 퇴직소득세 적용과 과세이연 혜택을 볼 수 있다.

현재 퇴직연금 관련 행정해석은 퇴직연금규약에 정기 부담금 이외에 경영성과급을 구체적인 부담금 납입비율을 정하여 부담금으로 추가 납입할 수 있다고 명시한 경우 이를 허용하고 있다.

법정 퇴직급여 또는 노사가 약정한 퇴직급여만으로는 은퇴 이후 연금을 설계하기에 충분하지 않은 경우가 많다. 경영성과급을 DC형 또는 개인형 IRP에 추가 적립하는 경우 충분한 노후 연금 수입을 설계하는데 큰 도움을 줄 수 있다.

3 DB형은 대기업 · 장기근속자 · 연공급제 근로자에게 적합하고, DC형은 중소기업 · 저연령자 · 성과급제 근로자에게 적합하다 (?)

이 절 제목의 명제는 퇴직연금 제도 유형 선택 기준과 퇴직연금 자산운용상품 유형 선택 기준을 명확히 구분하여 근로자들에게 인식시키지 않은 상태에서 퇴직연금 제도 도입 초기에 정부와 퇴직연금사업자들의 예상과 기대가 섞여서 만들어진 편견이다.

이 절 제목의 명제에 섞여있는 정부와 퇴직연금사업자들의 예상과 기대는 크게 두 가지이다. 첫째, 노동조합 조직률이 상대적으로 높은 대기업일수록 제도 도입의 저항이 클 것이므로 종래의 퇴직금 사외적립 방식과 유사한 DB형을 유도하고, 노동조합 조직률이 상대적으로 낮아 기업이 의사결정을 주도하기 쉬운 중소기업일수록 DC형을 유도하자는 것이다. 둘째, DB형은 기업 노사가 원리금보장상품을 주로 선택하리라는 예상이 깔려있고, DC형은 근로자들이 투자성상품을 주로 선택하게 하려는 기대가 깔려있다. 퇴직연금 제도 도입 초기에 정부와 퇴직연금사업자들이 가진 이러한 예상과 기대가 제1장 제5절 〈표14. 사업장 규모별 퇴직연금 도입 현황〉과 제1장 제2절 〈표4. 퇴직연금 제도유형별, 자산운용방법별 적립금액 현황〉에 투영되어 있다.

이 절 제목의 명제에는 퇴직연금 제도 도입 초기에 발생한 몇 가지 편견과 오류도 섞여있다. 첫째, DC형은 매년 기업의 부담금에 승진·승급·임금인상에 따른 평균임금 상승분을 반영할 수 없다는 편견이다. 앞 절에서 살펴본 것처럼 현재 이 편견은 더 이상 퇴직연금사업자들 사이에서도 유효하지 않다. 이 편견에 따라 '평균 임금상승률 > 평균 자산운용수익률' 이면 DB형을, '평균 임금상승률 < 평균 자산운용수익률' 이면 DC형을 선택하라는 명제가 선택 기준으로 제시되기도 했다. 더구나 이 명제에는

DC형에서 투자성상품을 선택하면 '평균 임금상승률 < 평균 자산운용수익률' 을 달성할 수 있다는 오류 섞인 기대가 전제되어 있다.

투자성상품은 위험자산 보유한도가 높을수록 높은 위험을 수반한다. 위험이 높다는 것은 성과를 예측하기 어렵다는 뜻이며, 위험이 높다고 해서 반드시 높은 수익을 보장하는 것은 아니다. 또한 과거의 높은 수익률이 미래의 높은 수익률을 보장하지는 않는다. 그럼에도 정부와 퇴직연금사업자들은 제1장 제4절에서 살펴본 것처럼 근로자 개개인에 대한 엄격한 투자특성 진단에 따라 적합한 퇴직연금 자산운용 상품을 제시해야 한다는 금융윤리의 기본적인 원칙을 무시한 채 획일적인 선택기준을 제시하는 오류를 범했다. '뉴노멀(New Normal)' 경제질서가 투자위험의 변동성을 더욱 키우고 있다는 점을 고려하면 근로자들에게 과도한 투자위험을 권유해 온 것이다.

둘째, 투자가능기간을 퇴직연금 제도 유형 선택 기준으로 제시하는 오류를 범하고 있다. 장기근속한 고연령 근로자인가 아직 근속년수가 짧은 저연령의 근로자인가는 투자가능기간('퇴직연금 수령 시작 희망 연령 – 현재 근로자의 연령')을 결정한다. 그리고 투자가능기간은 퇴직연금 자산운용상품 유형을 결정하기 위한 투자특성을 진단하는데 필요한 객관적 지표들 중의 하나이다. 결코 DB형인가 DC형인가라는 퇴직연금 제도 유형을 결정하는데 필요한 지표가 아니다.

그밖에도 대기업은 기업의 지속가능성이 높을 것이라는 일반화의 오류, 대기업일수록 기업 스스로 합리적인 퇴직연금 자산운용 의사결정과 위험관리를 더 잘할 수 있으리라는 일반화의 오류 등이 섞여있다. 2000년대 초반 주식시장 버블 붕괴 이후 2008년 금융위기 국면에서 극대화된 DB형 퇴직연금의 위기를 생각해보면 이러한 일반화의 오류가 얼마나 위험한지를 알 수 있다.

아마도 눈치가 빠른 독자라면 저자가 우리나라 기업 노사도 기업 규모와 관계없이, 급여 지급형태와 관계없이 다른 OECD 국가들과 마찬가지로 DB형보다 DC형을 선호하기를 바란다는 사실을 알아챘을 것이다. 물론 저자는 기업 노사가 몇 가지 노력을 반드시 함께 기울일 것을 주문한다. 첫째, 앞 절에서 살펴본 것처럼 근로자 관점에서 승진·승급·임금인상에 따른 평균임금 상승분을 고려했을 때 DB형 대비 최종 수령금액이 적을 것을 우려하지 않을 방법을 강구할 것, 둘째, 퇴직연금 완전적립을 위하여 구체적인 계획을 세우고 실행할 것, 셋째, 근로자 개인별 은퇴 이후 연금설계와 투자특성 진단을 정기적으로 실시할 것, 넷째, 근로자 관점에서 퇴직연금 관련 권리의식과 금융지식을 높이기 위한 교육훈련을 강화할 것 등이다. 물론 뒤의 세 가지 노력은 DC형 전환과 무관하게 기업과 노동계가 정부와 손잡고 당장 추진해야 할 과제이다.

4 퇴직연금사업자를 잘 골라서 계약해야 퇴직연금이 더 안전하다 (?)

DB형이든 DC형이든 기업이 부담하여 적립한 퇴직연금 자산은 퇴직연금사업자가 아닌 퇴직연금상품에 적립되어 있다. 현재 퇴직연금사업자들에게 자사 상품 편입을 금지하고 있기 때문에 사실 근로자 관점에서 이미 적립되어 있는 퇴직연금 자산의 안전성은 퇴직연금사업자와 직접적으로 아무런 관련이 없다. 이 절 제목의 명제는 퇴직연금사업자가 주도하는 퇴직연금 시장에서 만들어진 편견일 뿐이다.

이미 적립되어 있는 퇴직연금 자산의 안전성은 퇴직연금상품 유형에 따른 위험자산 투자한도와 그밖에 법적 보호장치에 따라 결정된다. 우리나라는 DB형 퇴직연금을 지급 보증하는 별도의 장치는 두고 있지 않으며, DC형과 IRP 원리금보장상품에 대하여 예금자보호법을 적용하고 있다.

퇴직연금사업자가 폐업·도산하는 경우와 퇴직연금상품(원리금보장상품, 투자성상품 포함)의 운용을 담당하는 자산운용사가 폐업·도산하는 경우로 나누어 퇴직연금 자산의 안전성을 살펴보자.

1) 퇴직연금사업자인 금융회사가 폐업·도산한다면?

퇴직연금사업자가 폐업·도산 그밖에 사유로 등록취소 처분을 받거나 등록말소를 신청한 경우 해당 사업자는 다른 퇴직연금사업자로의 퇴직연금 제도 이전에 필요한 조치 등 가입자 보호조치를 해야 한다. 가입자 보호조치에는 다른 퇴직연금사업자에게 운용관리업무와 자산관리업무를 이전할 것과 계약 해지·변경에 따른 기업 및 근로자의 금전적 손실을 보상하는 내용이 포함되어 있다.

퇴직연금 가입자인 기업과 근로자의 관점에서 보면 기존 계약 관계에

있던 퇴직연금사업자의 폐업·도산으로 말미암아 계약 이전의 절차로 인한 번거로움이 있을지언정 이미 적립되어 있는 퇴직연금 자산의 안전성에는 특별한 충격을 받지 않는다.

2) 퇴직연금 자산운용사인 금융회사가 폐업·도산한다면?

퇴직연금상품의 운용을 담당하는 자산운용사가 폐업·도산하는 경우는 원리금보장상품인 경우와 투자성상품인 경우로 나누어 살펴보기로 한다.

① 원리금보장상품인 경우

원리금보장상품은 은행과 보험사가 제공하고 있다. 우리나라는 현재 근로자 개인이 법률적 수익자인 DC형과 IRP 원리금보장상품에 대하여는 예금자보호법에 따른 예금자보호제도를 적용하고 있다. 기업이 법률적 수익자인 DB형 퇴직연금에 대하여는 별도의 보호 장치를 두고 있지 않다.

예금자보호제도는 금융회사가 파산 등으로 인해 고객의 금융자산을 지급하지 못할 경우 예금보험공사가 예금자보호법에 따라 예금의 일부 또는 전액을 대신 돌려주는 제도를 말한다. 현재 1인당 보호금액은 원금과 소정의 이자를 합하여 예금자 1인당 최고 5,000만원이다. 소정의 이자란 금융회사의 약정이자와 시중은행 등의 1년 만기 정기예금 평균금리를 감안하여 예금보험공사가 결정하는 이자 중 적은 금액을 말한다.

예를 들어 총 1억 8천만원의 퇴직연금 자산을 적립한 DC/IRP형 가입 근로자가 4개의 금융회사에 각 4천 5백만 원씩 나누어 모두 원리금보장상품을 가입하였다면 이 근로자는 4개의 금융회사가 폐업·도산하는 경우에도 자신의 퇴직연금 자산을 온전히 보호받을 수 있다.

반면 예금한도 5,000만원을 초과하는 금액은 예금보험공사로부터 보험금을 받을 수 없다. 따라서 5,000만원을 초과하는 금액은 해당 금융기관에 대한 예금채권자의 지위에서 파산절차에 참여해 다수의 채권자들과 채권액에 비례해 분배하고 그 전부 또는 일부를 돌려받을 수 있다. 이는 DB형 원리금보장상품에 가입한 기업의 경우에도 마찬가지다.

② 투자성상품인 경우

투자성상품은 보험사와 자산운용사가 보통 집합투자기구의 형태로 제공하고 있다. 집합투자기구는 집합투자를 수행하기 위한 기구를 말하고, 집합투자는 2인 이상의 투자자로부터 모은 금전 등을 투자자로부터 일상적인 운용지시를 받지 않으면서 재산적 가치가 있는 투자대상 자산을 취득·처분하거나 그 밖의 방법으로 운용하고 그 결과를 투자자에게 배분하여 귀속시키는 것을 말한다.

투자성상품에 적립한 퇴직연금 자산의 안전성은 기본적으로 퇴직연금 상품 유형에 따른 위험자산 투자한도에 따라 영향을 받는다. 위험자산 투자한도가 높은 고위험 상품일수록 높은 수익을 기대할 수 있는 반면 원금 손실의 위험도 커진다. 위험이 높다는 것은 성과를 예측하기 어렵다는 뜻이며, 위험이 높다고 해서 반드시 높은 수익을 보장하는 것은 아니다. 제1장 제4절에서 근로자가 고위험 투자성상품을 선택하는 것이 가능하려면 높은 위험 감내 능력과 높은 위험 감내 의지를 가진 투자특성을 지녀야 한다는 점을 설명한 바 있다. 특히 위험 감내 능력은 은퇴 이후 기대하는 퇴직연금 수입 대비 예상 적립금액의 규모가 크고 투자가능기간이 장기간일수록 높아진다는 점을 상기해 보자.

투자성상품은 DB형과 DC/IRP형 모두 퇴직연금 지급 보증을 위한 별도의 보호장치를 두고 있지 않다. 그렇다고 해서 투자성상품을 운용하는 금융회사가 폐업·도산하면 곧바로 DB형의 기업이나 DC/IRP형의 근로자가 투자성상품에 적립한 퇴직연금 자산을 모두 잃게 된다는 의미는 아니다.

투자성상품(집합투자기구)을 운용하는 금융회사가 폐업·도산하더라도 관련 법령에 따라 청산절차 등을 거쳐서 그 집합투자기구에 속하는 투자 자산을 처분한 수익을 해당 집합투자기구의 투자자에게 배분하기 때문이다.

따라서 투자성상품을 선택할 때에는 해당 집합투자기구의 과거 투자수익률, 투자위험 대비 수익률 변동성, 수수료, 매매회전율, 투자지침과 포트폴리오의 정합성, 자산운용역(펀드매니저)의 안정성 등과 더불어 해당 집합투자기구를 운용하는 자산운용사(금융회사)의 재무 안정성 및 기업지배구조의 안정성 등을 함께 고려할 필요가 있다.

5 근로자는 자발적 추가납입 시에만 퇴직연금사업자에게 수수료를 부담한다 (?)

퇴직연금에서 수수료는 크게 퇴직연금사업자 수수료와 퇴직연금상품 수수료로 나누어진다는 점을 생각하면 위 명제는 문제가 있다는 것을 금방 알 수 있다.

제1장 제1절의 내용을 돌아보면서 먼저 퇴직연금사업자에게 부담하는 수수료를 보자. 퇴직연금사업자에게 부담하는 수수료는 운용관리수수료와 자산관리수수료로 나뉜다. DB형 운용관리수수료와 자산관리수수료는 모두 기업이 부담한다. DC형(기업형 IRP 포함) 운용관리수수료와 자산관리수수료는 기업이 부담하되, 근로자가 스스로 부담하는 추가납입금에 대한 운용관리수수료와 자산관리수수료는 근로자가 부담한다.

다음은 퇴직연금 자산운용상품에서 부담하는 수수료를 보자. 퇴직연금 자산운용상품에서 부담하는 수수료는 퇴직연금상품 유형에 따라 달라진다. 원리금보장상품의 경우 명시적인 수수료가 없다. 투자성상품의 경우 제1장 제1절 〈표1. 퇴직연금 투자성 상품의 수수료 및 비용의 종류〉에서 본 바와 같이 판매회사 보수, 집합투자업자 보수, 신탁업자 보수, 사무관리회사 보수 등이 있고, 수수료와 별도로 증권거래비용 및 기타 비용이 있다. 따라서 DB형의 경우 기업이 퇴직연금 투자성상품의 수수료를 부담하지만, DC/IRP형의 경우 근로자가 퇴직연금 투자성상품의 수수료를 모두 부담한다.

근로자 관점에서 퇴직연금의 순수익률을 높이려면 퇴직연금상품 수수료를 낮춤으로써 '복리 효과(compounding effect)'를 높이는 게 매우 중요하다. 퇴직연금 자산의 투자기간이나 자산규모에 따라 퇴직연금상품 수수료를 낮추려는 노력과 증권거래비용 및 기타 비용을 낮출 수 있는 장기적이고 안정적인 투자 철학과 지침을 도입하려는 노력이 필요한 이유이다.

제1장 제1절에서 퇴직연금사업자 수수료와 퇴직연금상품의 판매회사 보수는 동일한 목적의 수수료이고 퇴직연금사업자들이 기업과 근로자로부터 이중으로 수취하고 있다는 점을 지적했다. 퇴직연금사업자들이 기업이 부담하는 운용관리수수료를 점점 낮추어올 수 있었던 점은 퇴직연금 도입률이 올라가면서 운용관리 기능을 수행하기 위한 기회비용이 줄어든 탓도 있지만 근로자들로부터 판매회사 보수를 이중으로 수취해왔던 탓도 있다고 본다. 판매회사 보수는 퇴직연금 제도의 취지와 금융 윤리에 비추어볼 때 퇴직연금상품에서는 당장 사라져야 한다는 게 저자의 판단이다.

투자성 퇴직연금상품의 수수료 구조가 합리적으로 개선되지 않는다면 근로자 관점에서는 투자성 퇴직연금상품을 선택할 유인이 줄어들 뿐만 아니라 합리적인 선택으로 인정받기도 어렵다.

DC형(기업형 IRP 포함)과 개인형 IRP에서 근로자가 스스로 부담하는 추가납입금에 대한 운용관리수수료와 자산관리수수료를 노사간 협약을 맺어 기업이 부담하게 하거나 퇴직연금사업자와 협상하여 낮추려는 노력도 필요하다. 퇴직연금 제도 도입 초기에는 DC형 퇴직연금의 운용관리수수료와 자산관리수수료 부담 주체가 근로자였으나 이후 기업으로 변경된 사정을 고려해보면 그리 무리한 주장은 아닐 것이다.

퇴직연금의 과세이연과 세제혜택을 활용하여 안정적인 노후를 설계하고자 노사가 협의하여 경영성과급을 DC형 또는 개인형 IRP 계좌로 지급하거나 기업과 근로자가 매칭의 방식으로 추가납입을 하거나 근로자 스스로 추가 납입하는 방식이 점차 확산되리란 점을 고려하면 더욱 그렇다.

DC형 또는 개인형 IRP를 노사가 수수료 체계를 합리화하면서 적극적으로 활용한다면 시중에서 가입할 수 있는 개인연금 상품보다 실질 수수료와 서비스 등 여러 가지 측면에서 훨씬 만족할만한 개인 자산운용과 노후 설계 방안을 근로자들에게 제공할 수 있다.

6 선진국 퇴직연금은 위험자산인 주식투자 비중이 높아서 수익률이 높다 (?)

높은 수익을 위해서는 높은 위험을 감수해야 한다. 위험이 높다는 것은 성과를 예측하기 어렵다는 뜻이며, 위험이 높다고 해서 반드시 높은 수익을 보장하는 것은 아니다. 또한 과거의 높은 수익률이 미래의 높은 수익률을 보장하지는 않는다.

제1장 제2절에서 우리나라 퇴직연금 수익률 실태를 살펴보면서 이미 높은 위험을 감수한다고 해서 평균적으로 높은 수익을 보장하는 것이 아니라는 점을 확인했다. 제1장 제2절의 〈표5. 2011~2015년 퇴직연금 연도별 평균수익률과 표준편차〉는 최근 5년간 투자성상품이 평균수익률은 원리금보장상품에 비해 높지 않고 원금손실위험만 매우 컸음을 보여주었다. 이는 고용노동부 퇴직연금 홈페이지 '퇴직연금수익률·상품정보' 비교공시 자료를 활용한 통계에서도 확인할 수 있었다. 제1장 제2절의 〈표6. 퇴직연금사업자 수익률 통계〉와 〈표7. 퇴직연금 투자성 상품 유형별 수익률 통계〉를 결합하여 퇴직연금 상품유형별 수익률 통계를 살펴보면 표16.과 같다.

〈표16. 퇴직연금 상품유형별 수익률 통계〉

(단위: %)

구 분		상품보수	연평균수익률 (1년)	연평균수익률 (3년)	연평균수익률 (5년)	연평균수익률 (7년)
주식형	평균	1.120	-6.493	2.373	0.079	7.515
	최대	1.810	7.470	13.590	9.110	14.310
	최소	0.160	-28.860	-7.310	-7.060	0.110
주식혼합형	평균	1.028	-0.799	2.284	0.678	5.688
	최대	1.670	7.210	4.210	1.760	8.320
	최소	0.460	-12.020	-0.590	-1.550	3.500

구 분		상품보수	연평균수익률 (1년)	연평균수익률 (3년)	연평균수익률 (5년)	연평균수익률 (7년)
채권혼합형	평균	0.759	0.071	2.790	2.209	4.970
	최대	1.350	9.820	7.650	7.490	10.790
	최소	0.160	-11.080	-6.030	-4.970	1.200
채권형	평균	0.442	3.034	3.333	3.811	4.064
	최대	1.130	10.200	14.420	11.140	5.830
	최소	0.020	-6.180	-6.910	0.190	2.380
원리금보장형	평균				3.380	3.844
	최대				4.880	5.600
	최소				2.100	2.610

출처: "고용노동부 홈페이지(http://www.moel.go.kr/pension) 퇴직연금 수익률 · 상품정보" (2016.10.14) 이용 통계치 작성

표16.의 7년간 연평균수익률 평균값만을 보면, 최고위험인 주식형이 7.52%, 고위험인 주식혼합형이 5.69%, 중위험인 채권혼합형이 4.97%, 저위험인 채권형이 4.06%, 안정형인 원리금보장형이 3.84%이다. 언뜻 보기에 투자위험이 높을수록 높은 성과를 보였다고 판단할 수 있다. 이 결과만을 발췌하여 간혹 퇴직연금사업자가 실시하는 교육에서 장기 운용 시 투자성상품의 성과가 높게 나타난다고 발표하는 경우가 종종 있다.

여기에 대해 저자는 7년 정도의 투자기간은 근본적으로 장기 투자기간이라고 보기 어렵다는 점을 지적한 바 있다. 또한 최근 7년간 연평균수익률은 일시적으로 투자성상품들의 성과가 좋았던 2009년과 2010년의 결과를 포함하고 있는데, 만약 전 세계적인 금융위기의 충격이 매우 컸던 2008년의 결과를 반영하여 최근 8년간 연평균수익률을 표시했다면 하락폭이 매우 컸을 것이라는 점을 지적했다. 더구나 표준편차를 고려한다면 고위험 투자성상품들이 저위험 투자성상품 또는 원리금보장상품에 비해서 우월한 투자위험 대비 수익률 지표를 나타내지 못했으리라 짐작할 수

있다. 따라서 우리나라 퇴직연금 시장의 최근 5년간 연평균수익률과 최근 7년간 연평균수익률을 비교하여 이와 같은 왜곡된 주장을 펴는 것은 금융 윤리에 어긋남을 지적했다.

그렇다고 해서 저자가 장기 운용 시 분산투자한 투자성상품의 성과가 원리금보장상품보다 높게 나타난다는 결과를 발표한 국내외 연구사례들을 부정하는 것은 아니다. 다만 우리나라 정부가 퇴직연금 수익자 친화적인 정책과 제도개선을 우선적으로 도모하고, 퇴직연금사업자를 비롯한 금융업계가 퇴직연금 수익자에 대한 충실의무를 성실하게 이행하여 건전하고 투명한 금융시장 질서를 구축하려는 노력을 우선적으로 경주해야 한다는 점을 강조하고 싶다. 정부와 퇴직연금사업자들이 금융회사의 이해관심사를 보다 충실하게 대변하는 정책 기조를 유지하는 한 정부의 자본시장 부양 의도에 대한 불신과 자본시장의 투자철학과 투명성·도덕성에 대한 불신은 가라앉지 않을 것이다. 또한 수익자 관점에서는 투자위험 대비 낮은 수익률의 함정에서 빠져나오기도 어려울 것이다.

우리나라 국민연금과 해외 주요국 공적연기금의 사례를 살펴보자.

〈표17. 주요국 공적연기금의 최근 5년간 운용수익률 비교〉

(단위: %)

구 분	2011	2012	2013	2014	2015	기하평균
일본(GPIF)	2.3	10.2	8.6	12.3	−3.8	5.75
캐나다(CPPIB)	6.6	10.1	16.5	18.7	3.7	10.98
미국(CalPERS)	0.1	13.2	18.4	2.4		8.26
네덜란드(ABP)	3.3	13.7	6.2	14.5	2.7	7.96
노르웨이(GPFG)	−2.5	13.4	15.9	7.6	2.7	7.21
국민연금	2.3	7.0	4.2	5.3	4.6	4.67

출처: "2015 국민연금 생생통계" 그림25 & 표17, 국민연금공단, 2016.10

〈표18. 주요국 공적연기금의 2015년 자산구성 비교〉

(단위: %)

구 분	채 권	주 식	대체투자	기 타	합 계
일본(GPIF)	53.3	45.8	1.0		100.0
캐나다(CPPIB)	26.9	52.3	20.8		100.0
미국(CalPERS)	26.0	60.0	14.0		100.0
네덜란드(ABP)	33.7	30.2	28.0	8.1	100.0
노르웨이(GPFG)	35.7	61.2	3.1		100.0
국민연금	57.0	32.2	10.7	0.1	100.0

출처: "2015 국민연금 생생통계" 표10 & 그림29, 국민연금공단, 2016.10

표17.에서 보는 바와 같이 우리나라 국민연금의 2011~2015년 최근 5년간 연평균수익률은 4.67%로, 표18.에서 보는 바와 같이 우리나라 국민연금보다 위험자산(주식 및 대체투자) 비중이 높은 국가들에 비하여는 낮은 연평균수익률을 기록했다. 물론 다른 나라 공적연기금의 경우에도 위험자산 투자비중이 높다고 하여 반드시 높은 수익률을 기록한 것은 아니다. 또한 최근 5년간의 기록에 불과하여 정확히 추세를 파악하기 위해서는 보다 장기적인 투자기간의 실적 데이터를 살펴볼 필요가 있다.

해외 주요국 공적연기금의 다른 특징 중 하나는 사회책임투자(※16) 운용규모가 빠르게 늘어나고 있다는 점이다. 네덜란드 ABP와 노르웨이 GPFG는 사회책임투자를 중요시하는 대표적인 연기금이고, 미국 CalPERS는 주주행동주의를 적극적으로 실천하고 있다. 사회책임투자는 전통적으로 강세를 보였던 유럽 시장뿐만 아니라 미국과 캐나다 등 북미 시장에서도 빠르게 발전하고 있다. 해외 주요국 공적 연기금의 주주권 행사의 특징은 그 가입자이자 수익자인 국민의 이익을 우선시하여 행사된다는 점이다.

우리나라 국민연금의 경우에도 2006년부터 사회책임투자형 펀드를 설정하기 시작하였다. 2009년 UN PRI(※17)에 가입하였고 점차 그 규모를 늘려가고 있다. '국민연금기금 의결권 행사지침' 에 따른 의결권 행사(※18)도 점차 확대되고 있다.

※16 사회책임투자: 기업의 재무적 지표와 더불어 비재무적 지표인 환경(Environment), 사회(Social), 지배구조(Governance) 부문에서 발생할 수 있는 위험요인 및 이에 대한 대응역량을 평가하여 자산운용에 활용하며, 주주권 행사를 원칙으로 함. 장기적이고 안정적인 수익률을 도모하는데 적합함.

※17 UN PRI(Principles for Responsible Investment): 지속가능한 발전과 인권, 노동, 반부패에 대한 원칙 준수를 위하여 UN Global Compact 및 금융기관의 협력을 통해 개발한 책임투자에 대한 국제적인 원칙. 투자활동 전반을 포괄하는 국제 규범으로 기관투자가들을 고려하여 개발함.

※18 '국민연금기금 의결권 행사지침' 제3조(선관주의)와 제4조(주주가치 증대)는 국민연금의 가입자 · 수익자인 국민의 이익을 우선하고 주주로서의 국민연금 가치 증대에 기여하는 방향으로 의결권을 행사하도록 의무화하고 있음. 한편 국민연금은 2015년 7월 제일모직과 삼성물산 합병 당시 국민의 이익과 주주가치에 반하는 의결권을 행사하여 수천억원의 손실을 초래했다는 외압 의혹을 불러일으켰고 이에 대해 검찰조사가 진행 중이나, 여기서는 논의하지 않음.

수익성을 중시하는 장기적인 분산투자와 ESG분석, 주주권행사 등 사회책임투자 원칙에 충실한 것도 해외 주요국 공적연기금의 수익률 향상에 기여하고 있다는 평가가 지배적이다.

이번에는 우리나라 국민연금과 퇴직연금의 수익률을 비교하여 살펴보자.

우리나라 국민연금의 2011~2015년 최근 5년간 연평균수익률은 4.67%이다. 제1장 제2절의 〈표6. 퇴직연금사업자 수익률 통계〉에 나타난 원리금보장형 최근 5년간 연평균수익률 3.38%에 비하여 높고 원리금비보장형 2.69%에 비하여도 높다. 또한 〈표7. 퇴직연금 투자성상품 유형별 수익률 통계〉에 나타난 주식형 최근 5년간 연평균수익률 0.8%, 주식혼합형 0.68%, 채권혼합형 2.21%, 채권형 3.81%보다 높다.

퇴직연금 투자성상품 중에서 위험자산의 투자비중이 국민연금 위험자산 투자비중보다 높은 주식형과 주식혼합형은 물론 위험자산 투자비중이 유사한 채권혼합형의 경우에도 국민연금보다 현저히 낮은 연평균수익률을 기록했다.

우리나라 국민연금의 주식투자 비율은 2004년 9.1%(대체투자 포함 9.4%)에서 단계적으로 증가하여 2015년 32.2%(대체투자 포함 42.9%)에 도달했다. 최근 12년간 국민연금의 주요 자산군 투자비중 추이는 표19.와 같다.

〈표19. 우리나라 국민연금의 최근 12년간 주요 자산군 투자비중 추이〉

(단위: %)

구 분	채 권	주 식	대체투자	기 타	합 계
2004년	85.5	9.1	0.3	5.1	100.0
2005년	86.3	12.4	0.5	0.8	100.0
2006년	86.7	11.6	1.1	0.6	100.0
2007년	79.6	17.5	2.5	0.4	100.0
2008년	81.2	14.4	3.7	0.7	100.0
2009년	77.5	17.8	4.5	0.2	100.0
2010년	70.7	23.1	5.8	0.4	100.0
2011년	68.3	23.5	7.8	0.4	100.0
2012년	64.4	26.7	8.4	0.5	100.0
2013년	60.1	30.1	9.4	0.4	100.0
2014년	60.0	29.9	9.9	0.1	100.0
2015년	57.0	32.2	10.7	0.1	100.0

출처: "2015 국민연금 생생통계" 표10 & 그림26, 국민연금공단, 2016.10

저자는 이처럼 우리나라 퇴직연금이 위험자산 투자비중의 높낮이와 무관하게 국민연금 대비하여 현저히 낮은 수익률을 기록한 것은 퇴직연금이 국민연금과는 달리 가입자·수익자의 이익을 우선적으로 고려하지 않고 퇴직연금사업자를 비롯한 금융업계의 이익을 우선적으로 고려하여 운용되었기 때문이라고 생각한다.

정부는 국민연금과 해외 퇴직연금의 자산배분 실태와 역사적 교훈을 외면한 채 고위험을 권유하는 정책을 유지한 상태에서 기금형 제도를 추가 도입함으로써 퇴직연금 지배구조의 문제와 위험 대비 낮은 수익률의 문제를 해결할 수 있다고 발표하고 있다. 잘못된 방향이다.

정부와 퇴직연금사업자가 퇴직연금의 가입자·수익자인 기업과 근로자의 이익을 우선시하는 금융 윤리와 장기적이고 안정적인 투자 철학을 정립하고 자본시장의 투명성과 도덕성에 대한 신뢰를 높이려는 노력을 소홀히 하는 한 퇴직연금사업자가 주도하는 퇴직연금 시장의 폐해는 수그러들지 않을 것이다. 기업과 노동계 역시 퇴직연금사업자의 자율적인 노력만을 기대하기보다 노사가 주도적으로 지난 시기 퇴직연금 시장의 폐해들을 극복하기 위한 구체적인 계획과 프로그램을 갖추고 실천에 나서야 할 때이다.

7 퇴직연금은 공적 연금인 국민연금을 약화시킨다 (?)

제1장 제4절 〈그림9. 우리나라의 5층 연금체계〉에서 본 바와 같이 우리나라 공적 연금은 기초연금과 국민연금으로 아래 2계층을 이루고 있다. 우리나라 65세 이상 노인인구 대비 기초노령연금 수급자 현황은 표20.과 같다.

〈표20. 65세 이상 노인인구 대비 기초노령연금 수급자 현황〉

(단위: 명, %)

연도	65세 이상 노인 인구 (A)	기초노령연금 수급자 (B)	국민연금 동시 수급자 (C)	비 중	
				B/A	C/B
2011	5,700,972	3,818,186	915,543	67.0	24.0
2012	5,980,060	3,933,095	1,023,457	65.8	26.0
2013	6,250,986	4,065,672	1,138,726	65.0	28.0
2014	6,520,607	4,353,482	1,323,226	66.8	30.4
2015	6,771,214	4,495,183	1,444,286	66.4	32.1

출처: "2015 국민연금 생생통계" 표11, 국민연금공단, 2016.10

2015년 말 기준 65세 이상 노인 인구(6,771,214명) 중에서 66.4%인 4,495,183명이 기초연금 수급자이고, 기초연금과 국민연금 동시 수급자(1,444,286명)는 기초연금 수급자의 약 32.1%이다. 그리고 기초연금과 국민연금 동시 수급자의 약 82.9%가 기초연금 전액 수급자(단독가구 1인당 20만원, 부부가구 1인당 16만원)이다.

우리나라 국민연금은 소득계층간 소득재분배 기능을 가지고 있다. 고소득층의 소득대체율은 저소득층보다 상대적으로 낮게, 저소득층의 소득대체율은 고소득층보다 상대적으로 높게 설계하여 형평성 장치를 갖추고 있다. 또한 세대간 소득재분배 기능을 가지고 있다. 이는 노인부양방식을 가족을 통한 사적 부양방식에서 연금제도를 통한 공적 부양방식으로 전환한다는 것을 의미한다.

우리나라 국민연금 재정 운용방식은 적립방식과 부과방식을 절충한 수정 적립방식을 취하고 있다. 국민연금 보험료 중 일부를 수급자에게 연금으로 지급하고 남은 부분을 기금으로 적립하여 운용하고 있다. 정부의 최근 장기 재정전망에 따르면, 현재의 부과체계와 재정운용방식을 유지할 경우 2015년 말 현재 512조원 규모의 국민연금기금은 2043년경 2,560조원 규모로 불어난 뒤 2044년경 총지출이 총수입을 초과하게 되고 2060년경 고갈될 것으로 예측되었다. 물론 국민연금기금이 고갈되는 시점에서 연금 역사가 오래된 선진국과 같이 부과방식으로 이행하게 될 것이다. 부과방식은 그 해 연금 지급에 필요한 재원을 그 해 걷어서 주는 방식이다. 저출산 고령화의 영향으로 부과방식에서 부족한 재원에 대하여는 세금으로 지원하기도 한다.

국민연금을 부과방식으로 전환하는 시기를 늦추려면 연금 보험료율을 높이는 방법, 소득대체율을 낮추는 방법, 출산율을 높이거나 적극적인 이민 정책을 통해서 경제활동인구와 국민연금 가입자 수를 늘리는 방법 등을 쓸 수 있다. 또한 예상 기금수익률 대비 실제 기금수익률의 변동에 따라 고갈 시기에 변동이 있을 수 있다.

국민연금이 가진 소득계층간·세대간 소득재분배 기능을 고려하지 않고, 국민연금의 기금 고갈과 부과방식으로의 전환 예상 및 세금 지원 가능성을 이유로 또는 국민연금 보험료 징수 및 수급 과정에서 발생하는 일부 문제점을 이유로 국민연금을 약화시키고자 하는 일각의 주장에 저자는 동의하지 않는다. 우리나라 노인빈곤율이 2013년 기준 49.6%로 경제협력개발기구(OECD) 평균 12.4%의 4배에 달하는 1위 국가임을 감안하면 기초연금을 비롯한 공적 연금을 강화하기 위한 노력은 절실하다.

한편 저자는 퇴직연금이 공적 연금인 국민연금을 약화시킨다는 일각의 주장에도 동의하지 않는다. 상대적으로 도입의 역사가 짧은 우리나라의 국민연금을 OECD 주요국의 공적 연금과 비교하여 보자.

표21.은 OECD 주요 국가들의 GDP 대비 공적연금 급여지출 비중 추이를 5년 단위로 살펴본 것이고, 표22.는 OECD 주요 국가들의 공적 연금 보험료율과 소득대체율을 살펴본 것이다.

〈표21. OECD 주요국 GDP 대비 공적 연금 급여지출 비중 추이〉

(단위: %)

구 분	1990년	1995년	2000년	2005년	2011년
프랑스	10.6	12.0	11.8	12.4	13.8
독일	9.5	10.5	11.2	11.5	10.6
이탈리아	11.7	13.2	13.7	14.0	15.8
스웨덴	7.6	8.2	7.2	7.6	7.4
영국	4.8	5.3	5.3	5.5	5.6
캐나다	4.2	4.6	4.2	4.0	4.3
미국	5.8	6.0	5.6	5.7	6.7
일본	4.8	6.1	7.3	8.5	10.2
대한민국	0.7	1.2	1.4	1.5	2.2
OECD 평균	6.2	6.7	6.8	7.0	7.9

출처: "2015 국민연금 생생통계" 표15, 국민연금공단, 2016.10

〈표22. OECD 주요국 공적 연금 보험료율과 소득대체율〉

(단위: %)

국 가	보험료율			소득대체율
	사용자	근로자	합 계	
캐나다	4.95	4.95	9.9	32.6
프랑스	8.45	6.8	15.25	55.4
독일	9.5	9.5	19.0	37.5
벨기에	8.86	7.5	16.36	46.2
이탈리아	23.81	9.19	33.0	69.5
일본	8.737	8.737	17.474	35.1
스웨덴	11.4	7.0	18.4	42.7
스위스	4.2	4.2	8.4	23.3
룩셈부르크	8.0	8.0	16.0	35.2

국 가	보험료율			소득대체율
	사용자	근로자	합 계	
대한민국	4.5	4.5	9.0	39.3

출처: "2015 국민연금 생생통계" 표14, 국민연금공단, 2016.10

우리나라는 GDP 대비 공적연금 급여지출 비중이 2011년 기준 2.2%로 OECD 34개국 평균 7.9% 대비하여 현저히 낮음을 알 수 있다. 멕시코가 1.8%로 우리나라보다 뒤쳐질 뿐이다. 또한 국민연금의 합계 보험료율 역시 9%로 OECD 18개국 평균인 18%에 비하여 절반 수준에 불과함을 알 수 있다. 반면 소득대체율은 39.3%로 OECD 평균과 유사한 수준이다.

공적 연금의 역사가 오래된 선진국과 같이 GDP 대비 공적 연금 급여지출 비중을 올리거나 소득대체율을 대폭 올리는 등 공적 연금의 기능을 강화하기 위해서는 현재의 수정적립방식 체계에서 연금 보험료율을 높이는 방법을 진지하게 고민할 필요가 있다. 국민의 정부와 참여 정부 때에 이루어진 국민연금 개혁 역시 우리나라 국민연금 재정의 운용방식이 수정적립방식을 취하고 있다는 점에서 일정 부분 불가피한 선택으로 이해할 수 있다.

우리나라는 공적 연금 도입의 역사가 비교적 짧은 반면 저출산 고령화의 속도는 세계에서 가장 빠르고 노인빈곤율 역시 비교할 수 없을 정도로 매우 높은 상태이다. 정부과 국회 그리고 각 경제주체들은 공적 연금을 비롯한 사회 안전망을 강화하기 위한 정치적·경제적·사회문화적 노력을 꾸준히 도모하여야 한다. 그리고 기업 노사는 스스로 공적 연금만으로는 충당할 수 없는 노후 연금의 부족한 부분을 보완하기 위하여 퇴직연금 설계에 노력해야 할 필요가 있다. 공적 연금의 역사가 길고 사회복지가 발달한 선진국들에서도 퇴직연금은 공적 연금의 대체재가 아니라 보완재로 기능하고 있다.

제3장

노사 주도로 퇴직연금을 개선할 방법 7가지 들여다보기

1 초기업 단위로 퇴직연금을 어떻게 설계할 것인가

2 퇴직연금사업자 및 퇴직연금 자산운용사와 무엇을 협상할 것인가

3 단체교섭에서 무엇을 논의할 것인가

4 근로자 전문교육기관을 어떻게 구성할 것인가

5 퇴직연금운영위원회를 어떻게 운영할 것인가

6 사회책임투자를 어떻게 도입할 것인가

7 정부 및 국회와 더불어 개선할 입법과제들은 무엇인가

10여 년간 퇴직연금 제도 도입 초기에 단일 기업 노사가 계약 주체가 되고 퇴직연금사업자가 주도하는 퇴직연금의 운영구조는 앞서 제1장과 제2장에서 살펴본 바와 같이 다음과 같은 주요한 문제점을 노출했다.

첫째, 퇴직연금사업자 및 자본시장에 대한 불신이 크다. 높은 수수료, 불안정한 수익률, 불친절한 공시, 기업(DB형)과 근로자(DC형)에 대한 형식적인 투자 특성 진단, 노사의 권리행사·감시·감독 수단 미제공 등이 주요한 원인이다.

둘째, 퇴직연금의 주요 위험에 대한 관리가 소홀했다. 퇴직연금 과소·불완전 적립 여부에 대한 검증이 소홀했다. 투자성상품 운용손실 위험 관리를 소홀히 했다. 과소·불완전 적립으로 말미암아 사업장 폐업·도산 시 과거근로기간분에 대한 체불 위험이 여전히 크다.

셋째, 산업별·기업별 노사관계에서 퇴직연금을 활용하려는 자세가 미흡했다. 근로자 생애복지 강화 차원에서 과세이연과 세제혜택 등을 활용하여 보상계획을 세우려는 노력이 소홀했다. 노사가 퇴직연금에 대해서 권리행사·감시·감독할 수 있는 수단을 갖추려는 노력도 부족했다.

이러한 문제점들을 극복하기 위해서는 구체적인 계획과 프로그램을 갖추고 주도적으로 실천할 주체를 바로세우고 '규모의 경제' 효과를 도모하는 게 필요하다. 중소 규모의 단일 기업 노사관계에서는 자체적으로 문제점을 개선하는데 상당한 어려움이 따를 것이고, 대규모의 단일 기업 노사관계라 할지라도 자체적으로 문제점을 개선하는데 많은 기회비용을 지불해야 할 것이다.

초기업 단위의 퇴직연금은 기금형 구조 또는 표준형 구조로 설계할 수 있다. 저자는 산업별로 또는 지역별로 연대할 수 있는 초기업 단위의 노사가 주도하는 퇴직연금 운영구조를 설계할 수 있다면, 그리고 노사관계에서 퇴직연금 활용 역량을 강화한다면 위의 문제점들을 비교적 수월하게 개선할 수 있으리라고 생각한다.

첫째, 퇴직연금사업자가 주도하는 시장의 문제점들을 개선할 수 있다. 기업과 근로자가 부담하는 수수료를 낮출 수 있다. 근로자 관점의 공시를 강화할 수 있다. 정기적인 투자특성 진단과 투자특성에 적합한 상품 선택을 체계화할 수 있다. 사회책임투자 등 장기적이고 안정적인 수익률을 도모하는 투자지침을 명시할 수 있다.

둘째, 퇴직연금 운용 시장의 투명성과 도덕성을 확보할 수 있다. 초기업 단위 노·사·전문가로 퇴직연금운영위원회를 구성하고 정기 또는 수시로 점검할 수 있다. 투자성상품(집합투자기구)의 감독이사 추천권을 행사할 수 있다. 사회책임투자와 의결권행사 등 주주권행사를 위한 외부 전문기구 활용을 요구할 수 있다.

셋째, 개별 기업 노사관계 또는 초기업 단위 노사관계에서 근로자 생애복지 강화 차원의 교육과 정책 역량을 강화할 수 있다. 퇴직연금 적립 방식 설계에 누진적 기여, 추가 적립, 성과보상 등의 방식을 활용할 수 있다. 퇴직연금 적립의 적정성을 노사 주도로 재정 검증하고 완전 적립을 위하여 노력할 수 있다.

그밖에도 정부 및 국회와 협력하여 퇴직연금의 사각지대를 해소하고 세제혜택을 더 강화하기 위한 입법 및 제도개선 노력, 근로자의 권리에 기반하여 퇴직급여의 체불을 방지하고 적정 적립 여부를 검증하기 위한 입법 및 제도개선 노력을 할 필요가 있다.

이 장에서는 퇴직연금의 실질적인 가입자이자 최종 수익자인 근로자 관점에서 앞 장들에서 살펴본 퇴직연금 도입 초기의 문제점들과 편견들을 극복하고 퇴직연금을 개선하기 위하여 퇴직연금의 부담 주체인 기업 및 정부와 더불어 노동계가 핵심적으로 노력해야 할 과제들의 구체적인 내용과 방법을 살펴보고자 한다. 다음 7가지

주제로 핵심적인 영역들을 정리하여 그 내용을 살펴보자.

1. 초기업 단위로 퇴직연금을 어떻게 설계할 것인가
2. 퇴직연금사업자 및 퇴직연금 자산운용사와 무엇을 협상할 것인가
3. 단체교섭에서 무엇을 논의할 것인가
4. 근로자 전문교육기관을 어떻게 구성할 것인가
5. 퇴직연금운영위원회를 어떻게 운영할 것인가
6. 사회책임투자를 어떻게 도입할 것인가
7. 정부 및 국회와 더불어 개선할 입법과제들은 무엇인가

퇴직연금을 그 최종 수익자인 근로자 관점에서 올바로 정착시킨다면 근로자의 안정적인 노후생활 보장, 대한민국 금융 산업의 건전하고 지속적인 발전, 정부의 감독·규제 비용의 완화를 동시에 달성할 수 있다. 또한 우리 사회를 노인빈곤의 위험으로부터 자유로운 지속가능한 사회로 거듭나게 할 수 있다.

1 초기업 단위로 퇴직연금을 어떻게 설계할 것인가

정부는 2016년 8월말 기금형 퇴직연금제도를 기존 계약형 제도에 덧붙여 추가적으로 도입하기 위한 「근로자퇴직급여보장법」 개정안을 입법예고했다. 2년 전에 대규모 기업부터 단계적으로 단일기업형 기금 형태 도입을 추진했던 것과 비교하면 상당한 급진전이다. 노동계가 주장해 온 연합형 기금제도(산업·지역별로 다수의 기업이 연합하여 기금을 설립하는 형태) 도입을 수용한 것이기 때문이다.

정부는 기금형 제도를 도입함으로써 노사의 참여 저조와 전문성 부족 등 퇴직연금사업자에 대한 의존도가 높았던 퇴직연금의 지배구조를 개선하고자 한다. 그리고 근로자 수급권을 강화하고 중소기업의 퇴직연금 도입 유인을 높여 사각지대를 해소하려 한다. 아울러 원리금 보장 상품에 치우친 자산운용을 투자성 상품 중심으로 변화시켜 자산운용 수익률을 높일 수 있으리라 기대하고 있다. 복수의 기업들이 공동으로 기금형 퇴직연금 제도를 운영할 수 있는 연합형 플랫폼을 제공함으로써 '규모의 경제' 효과를 꾀할 것을 주문하는 것이다.

현행 계약형 제도에서 복수의 기업들이 '규모의 경제' 효과를 꾀하면서 공동으로 퇴직연금 제도를 운영할 수 있는 방식으로는 표준형 제도(※19)가 있다.

※19 표준형 퇴직연금 제도: 복수의 기업이 하나의 퇴직연금사업자와 표준규약 및 표준계약서에 따라 퇴직연금을 운영하는 제도. 현행 법령은 표준형 DC만을 허용하고 있음. 노사의 제도 선택 폭과 자율성 및 창의성을 보장하고자 한다면 표준형 DB 역시 허용하기 위한 입법이 필요함.

이 절에서는 복수의 기업 노사가 초기업 단위 퇴직연금 설계를 도모할 때 결정해야 할 사항들과 절차를 기금형 제도의 경우와 표준형 제도의 경우로 나누어 먼저 살펴보고자 한다. 다음으로 초기업 단위 퇴직연금 설계 시에 노동계가 일반적으로 주의해야 할 사항을 살펴본 후, 마지막으로 정부 주도로 계획하고 있는 중소기업퇴직연금기금 설계 과정에서 노동계가 기울여야 할 노력을 살펴보고자 한다.

1) 초기업 단위 기금형 퇴직연금 설계 시 결정해야 할 사항과 절차

산업별로 또는 지역별로 연대할 수 있는 초기업 단위의 노사가 기금형 퇴직연금 운영구조를 설계하고 수탁법인을 설립하여 운영하기 위해서는 대략 다음과 같은 프로세스를 거쳐야 할 것이다. 물론 아래의 절차들은 연대할 수 있는 기업들의 노사관계가 처한 구체적인 상황에 따라 일부 순서를 바꾸어 진행할 수도 있을 것이다.

① 수탁법인 설립 준비위원회 구성

기금형 퇴직연금 운영을 함께 할 의사가 있는 기업 노사는 우선 수탁법인 설립 준비위원회를 구성해야 할 것이다. 준비위원회는 향후 수탁법인 이사회 구성을 염두에 두고 수탁법인 설립을 발의한 기업들의 노·사가 동수로 선임한 준비위원들과 준비위원들의 동의로 추천한 일정한 수의 외부 전문가로 구성하는 게 바람직하다. 수탁법인 설립 신청 시에는 준비위원회에서 추천한 자들로 수탁법인 이사회를 구성하여 전체 참가기업 노사로부터 동의를 받으면 될 것이다.

수탁법인 설립 이후 참가기업이 많아질 경우에는 이사회가 지나치게 비대해지는 것을 막기 위하여 이사를 배출하지 못하는 참가기업도 생길 수 있으므로 퇴직연금운영위원회를 별도로 구성할 수 있다. 퇴직연금운영위원회는 수탁법인 이사회 구성원들에 덧붙여 전체 참가기업 노사가 각각 가입 근로자 규모에 따라 대표 1~2명을 선임하여 구성할 수 있을 것이다.

② 참가기업들의 제도 유형(DB형/DC형), 적립금 · 부담금 납부 수준 · 방법 및 납부 시기 결정

참가기업들은 각자의 노사관계에서 선호하는 제도 유형(DB형/DC형)이 다를 수 있고, 단체협약· 취업규칙 등에서 정한 퇴직급여 적립금·부담금 납부 수준 및 방법이 다를 수 있다. 매년 단체교섭 또는 노사협의에 따라 달라질 수도 있다. 납부 시기도 다를 수 있다.

산업별 노사관계 또는 기업별 노사관계에서 제도 유형, 적립금·부담금 납부 수준 및 방법을 결정하는데 제2장 제1~3절의 논의가 도움이 될 수 있으리라 생각한다.

제도 유형, 적립금·부담금 납부 수준 및 방법, 납부 시기가 서로 다를지라도 하나의 기금형 수탁법인을 설립하는데 어려움은 없다. 다만 DB형 퇴직연금을 선택한 참가기업들의 경우 퇴직급여 부채에 비하여 퇴직연금 자산을 초과 적립하는 비율을 유사하게 유지하지 않을 경우 위험 감내 능력에 차이가 발생하여 사실상 하나의 기금으로 관리·운용하기 어려워지고, 퇴직급여 부채에 비하여 퇴직연금 자산을 과소 적립하는 경우에는 보수적이고 안정적인 자산운용을 해야 할 것이다. 따라서 DB형 퇴직연금기금에 참가하는 기업들은 동일한 초과적립 비율 목표를 설정하는 게 바람직할 것이다. 산업별 노사관계 및 기업별 노사관계에서 퇴직연금 자산을 충분하게 적립하기 위한 협력이 매우 중요하다. 제1장 제4절의 DB형에 대한 논의와 제2장 제1절의 논의를 보기 바란다.

③ 참가기업 노사 대상 가입자 교육 · 컨설팅 및 투자특성 진단

참가기업 노사를 대상으로 한 퇴직연금 교육·컨설팅이 필요하다. 이 교육·컨설팅은 제1장 제7절에서 서술한 퇴직연금 제도 일반에 관한 공통 내용과 가입 제도별 요구 내용과 더불어 은퇴 이후 연금설계 방법, 투자특성 진단과 자산운용 상품유형 결정 방법, 퇴직연금상품 공시 정보 비교 방법, 퇴직연금 과소·불완전 적립 여부 검증 방법, 기타 금융지식과 정보 등을 제공해야 할 것이다. 이 교육 내용들 중 상당 부분은 위 ②의 제도 유형, 적립금·부담금 납부 수준 및 방법 결정 이전 단계에서 이루어져야 할 수도 있다.

참가기업이 DB형을 설정하는 경우에는 참가기업의 투자특성을 진단해야 한다. 참가기업이 DC형을 선택하는 경우에는 근로자 개개인에 대하여 은퇴 이후 연금설계와 투자특성 진단이 필요하다. 저자는 DB형을 설정하는 경우일지라도 근로자 개개인에 대하여 은퇴 이후 연금설계와 투자특성 진단이 필요하다고 생각한다. 제1장 제4절의 논의가 도움이 될 수 있으리라 생각한다.

퇴직연금 최종 수익자인 근로자들이 연금 설계, 자산운용, 금융 및 투자 등에 대한 객관적이고 정확한 지식과 합리적인 선택 능력을 갖출 수 있도록 퇴직연금 교육·컨설팅은 꾸준히 이루어져야 하고, 근로자 관점에서 객관적이고 중립적인 교육을 제공할 수 있는 제3의 독립된 전문 교육기관을 활용하는 방안을 강구하는 게 바람직하다.

④ 퇴직연금 적립자산 운용계획서(IPS, ※20) 마련

DB형 퇴직연금을 선택한 참가기업들의 경우 퇴직연금 자산운용의 궁극적인 목표는 퇴직급여 부채를 충당할 수 있는 퇴직연금 자산을 유지하는 것이다. DB형을 선택한 각 참가기업들의 퇴직연금 자산운용을 위한 투자특성은 제1장 제4절을 참고하여 진단할 수 있다. DB형 퇴직연금기금에 참가하는 기업들이 동일한 퇴직연금자산 초과적립 비율 목표를 설정하고 지켜나간다면, 수탁법인 이사회와 퇴직연금운영위원회는 하나의 기금으로 운용계획서를 작성할 수 있다. 반면 초과적립 비율 또는 과소적립 비율이 서로 다른 경우에는 하나의 기금으로 운용계획서를 작성하지 못하고 각기 다른 운용계획서를 작성해야 하는 어려움을 겪을 것이다.

DB형 퇴직연금은 자산부채종합관리(ALM, ※21) 기반으로 위험을 관리해야 한다. 만약 퇴직연금 자산의 기대수익률을 최대화하는 방식(※22)을 취한다면 이는 자칫 과도한 투자위험을 부담하는 도덕적 해이를 불러일으키고 근로자의 퇴직연금 수급권을 크게 위협하는 결과로 이어질 수 있다. 제1장 제4절의 DB형에 대한 논의를 다시 한 번 참고하자.

※20 IPS(Investment Policy Statement): 수탁법인 이사회에서 퇴직연금 최종 수익자인 근로자의 이익을 우선적으로 고려하여 퇴직연금 자산의 위험 감내 능력을 고려한 자산운용의 목표와 제약요인, 투자 철학 등을 명시한 지침서로서, 자산운용역의 투자 의사결정 과정에서 지침 역할을 함.

※21 ALM(Asset Liability Management): 퇴직급여 부채 대비 퇴직연금 초과적립 자산의 투자위험 대비 기대수익률을 최대화하는 방식. 퇴직연금 자산의 투자회수 시기와 양을 퇴직급여 예상 지급시기와 양에 맞추어 관리(duration matching)함으로써 초과적립 자산의 변동성을 최소화함.

※22 자산 기대수익률 최대화 방식(Asset-only approach): 감당할 수 있는 투자위험 대비하여 퇴직연금 자산운용의 기대수익률을 최대화하는 방식. 일반적으로 ALM 방식에 비하여 위험자산의 투자비중을 높게 설정하는 결과를 낳음.

DC형 퇴직연금을 선택한 참가기업들에 대하여는 수탁법인 이사회와 퇴직연금운영위원회에서 근로자들이 위 ③에서 진단한 자신의 투자특성 결과에 따라 자신에게 적합한 자산배분과 분산투자가 이루어진 퇴직연금상품을 선택할 수 있도록 퇴직연금상품 풀(pool)을 제공해야 할 것이다. 이때 수탁법인 이사회와 퇴직연금운영위원회에서 퇴직연금상품 풀(pool)을 구성하는 퇴직연금상품들에 장기적이고 안정적인 수익률을 도모하는 투자 철학과 지침을 명시할 것을 요구·검증할 수 있을 것이다.

DC형 퇴직연금의 경우 그 수익자인 근로자 개인별로 운용계획서를 작성하는 것은 사실상 어려움이 있으나, 근로자들의 투자특성 진단과 자산배분 및 퇴직연금상품 선택에 공통적으로 적용할 기준과 투자 철학 등을 명시한 운용계획서를 준비할 수 있을 것이다.

⑤ 자산운용방식(직접운용 및 위탁운용) 결정

직접운용 방식은 DB형에 한하여 선택할 수 있다. 수탁법인에서 직접 자산운용인력을 채용하여 자산운용팀을 구성해야 한다. 판매회사 보수와 집합투자업자 보수 등을 없앨 수 있는 반면 자산운용 시스템 설치·운영 비용과 인건비가 상당한 정도로 발생할 수 있다.

위탁운용 방식은 DB형 및 DC형에 적용할 수 있다. 수탁법인에서 위탁운용사 및 위탁운용상품을 결정한다. 위험자산 투자한도(고위험-중위험-저위험-안정형)에 따라 다양한 퇴직연금상품 풀(pool)을 구성할 것이다. 이때 각 상품의 정보 제공 및 공시 방법, 퇴직연금상품 수수료 등을 협상할 수 있다. 상품에 따라 사회책임투자 원칙(ESG분석, 주주권행사 등) 적용을 요구하거나 사회책임투자를 위한 외부 전문기구의 활용을 요구할 수도 있다. 만약 투자성상품인 집합투자기구가 '투자신탁'(※23)이 아니라 '투자회사'(※24)라면 집합투자기구의 감독이사를 추천하여 선임할 수도 있다.

※23 투자신탁: 집합투자업자인 위탁자가 신탁업자에게 신탁한 재산을 신탁업자로 하여금 그 집합투자업자의 지시에 따라 투자 · 운용하게 하는 신탁 형태의 집합투자기구. 현재 대부분의 퇴직연금 투자성상품은 투자신탁의 형태임. 퇴직연금 가입자는 투자신탁의 수익자로서 수익자총회를 개최할 수 있음.

※24 투자회사: 주식회사 형태의 집합투자기구. 퇴직연금 가입자는 투자회사의 주주로서 주주총회를 개최할 수 있음.

가입자가 운용지시를 하지 않는 경우 1년 만기 정기예금 등의 자동운용상품 역시 여기에서 결정해야 한다. 정부 주도로 활발히 논의되고 있는 디폴트 옵션(default option, 적격운용방법)에 대한 저자의 생각은 제1장 제4절과 제2장 제1절에서 서술한 부분을 참고하기 바란다. 디폴트 옵션 도입 논의가 위 ③에서 서술한 참가기업 노사 대상 가입자 교육·컨설팅 및 투자특성 진단을 소홀히 하는 결과로 이어져서는 안 된다.

⑥ 자산관리 기능 담당 기금형퇴직연금사업자의 결정

계약형 퇴직연금 제도에서 퇴직연금사업자는 운용관리 기능과 자산관리 기능을 수행한다. 기금형 퇴직연금 제도에서는 수탁법인이 운용관리 기능을 수행하고 자산관리기능을 담당하는 기금형퇴직연금사업자와 자산관리계약만을 체결한다. 이 때 적립 자산의 규모에 따라 자산관리수수료를 차등요율로 적용하도록 협상할 수 있다.

입법예고된 법률안은 이해상충을 방지하기 위하여 자산관리업무를 위탁받은 기금형퇴직연금사업자에게 퇴직연금 자산의 운용위탁을 금지하고 있다. 바람직하다.

⑦ 수탁법인 정관, 기금형 퇴직연금규약 작성

입법예고된 법률안에 따르면 기금형 퇴직연금제도를 새롭게 설정하거나 변경하려는 기업은 근로자 대표의 동의를 얻거나 의견을 청취해야 한다. 노동계는 근로자 대표와의 합의 또는 동의를 요구하고 있다. 퇴직연금의 실질적인 가입자이자 최종 수익자가 근로자임을 감안하면 합리적인 요구라고 보아야 한다. 수탁법인 설립 준비위원회에서 수탁법인 정관과 기금형 퇴직연금규약을 작성할 때 참가기업 노사는 외부전문가를 비롯한 대리인들의 충실의무를 제어할 수 있도록 신중하게 접근하여야 한다.

⑧ 설립 허가 신청, 고용노동부 심사·허가

고용노동부는 수탁법인 설립 신청에 대하여 설립 요건 및 경영 건전성, 근로자 보호 등의 기준을 정하여 심사한 후 허가한다.

⑨ 내부 감사 선임 및 외부 회계감사 · 연금계리 담당업체 선정

입법예고된 법률안에 따르면 수탁법인 감사의 내부감시와 아울러 외부 회계감사인의 회계감사 및 독립계리업자 또는 기금형퇴직연금사업자의 적립금·부담금 검증을 의무화하고 그 결과를 고용노동부장관에게 제출하도록 할 예정이다. 근로자 대표는 수탁법인 감사 및 외부 회계감사인, 독립계리업자 선정 등에 추천권을 행사하거나 그 심사에 신중을 기해야 할 것이다. 또한 제1장 제6절에서 논의한 바대로 과소·불완전 적립 검증 주체로서 역할을 소홀히 해서는 안 될 것이다.

⑩ 참가기업 노사 추가 모집, 교육 · 컨설팅

초기 수탁법인 설립에 참가한 기업 노사는 수탁법인의 정관 및 기금형 퇴직연금규약에 찬동하는 기업 노사를 상대로 추가 모집에 나설 수 있을 것이다. 퇴직연금 적립자산의 규모를 키우고 가입자 수를 늘릴수록 '규모의 경제' 효과를 누릴 수 있기 때문이다.

⑪ 퇴직연금운영위원회 정기 · 수시 운영

기금형 퇴직연금에 참가한 기업 노사는 수탁법인 이사회 운영과 더불어 퇴직연금운영위원회를 별도로 구성하여 퇴직연금 운영 상황을 정기·수시로 감독할 필요가 있다.

2) 초기업 단위 표준형 퇴직연금 설계 시 결정해야 할 사항과 절차

법령상 표준형 퇴직연금 제도의 설정 신고 주체는 퇴직연금사업자이다. 표준형 제도의 대표적인 목적은 퇴직연금사업자의 운용관리 기능과 자산관리 기능을 표준화하여 운용관리수수료와 자산관리수수료를 낮추는 것이다. 퇴직연금사업자 관점에서는 운용관리 기능의 기회비용을 낮출 수 있다. 퇴직연금사업자 주도로 표준형 퇴직연금을 설계할 가능성이 높은 이유이다.

그러나 저자는 퇴직연금의 실질적인 가입자이자 최종 수익자인 근로자 관점에서 기업 노사가 주도하여 표준형 퇴직연금을 설계하는 것이 바람직하다고 생각한다. 아래에서는 기업 노사가 주도하여 표준형 퇴직연금을 설계한다는 가정 아래 기술한다.

산업별로 또는 지역별로 연대할 수 있는 초기업 단위의 노사가 표준형 퇴직연금 운영구조를 설계하고 운영하기 위해서는 대략 다음과 같은 프로세스를 거쳐야 할 것이다. 주의할 점은 현행 근로자퇴직급여보장법은 표준형 DC만을 허용하고 표준형 DB에 대하여는 별도의 규정을 두고 있지 않다는 것이다. 정부와 국회가 표준형 DB를 허용하는 입법을 추진하기를 바란다. 아래의 절차들은 연대할 수 있는 기업들의 노사관계가 처한 구체적인 상황에 따라 일부 순서를 바꾸어 진행할 수도 있을 것이다.

① 표준형 퇴직연금 설정 준비위원회 구성

표준형 퇴직연금 운영을 함께 할 의사가 있는 기업 노사는 우선 표준형 퇴직연금 설정 준비위원회를 구성하는 게 필요하다. 준비위원회는 향후 표준형 퇴직연금운영위원회 구성을 염두에 두고 표준형 퇴직연금 설정을 발의한 기업들의 노·사가 동수로 선임한 준비위원들과 준비위원들의 동의로 추천한 일정한 수의 외부전문가로 구성하는 게 바람직하다. 이 때 외부전문가는 표준형 제도를 설정할 후보 퇴직연금사업자들로부터 추천받을 수도 있으리라 생각한다.

② 참가기업들의 제도 유형(DB형/DC형), 적립금 · 부담금 납부 수준 · 방법 및 납부 시기 결정

하나의 표준형 DC를 설정하고자 하는 참가기업들은 적립금·부담금 납부 수준 및 방법이 서로 다를지라도 하나의 표준형 DC를 설정하는데 어려움은 없다.

산업별 노사관계 또는 기업별 노사관계에서 제도 유형, 적립금·부담금 납부 수준 및 방법을 결정하는데 제2장 제2절의 논의가 도움이 될 수 있으리라 생각한다.

현재 표준형 DB에 대하여는 별도의 규정을 두고 있지 않으므로 참가기업들이 표준형 DB를 설정하려면 상당한 어려움이 따를 것이다. 표준형 DB를 허용하는 입법 이후 표준형 DB를 설정하려는 참가기업들은 기금형 제도와는 달리 퇴직연금 자산 초과적립 비율을 맞추려는 노력을 할 필요가 없다. 각 기업의 투자특성을 진단하여 각 기업에 적합한 퇴직연금상품을 선택하는 것으로 족하기 때문이다.

③ 참가기업 노사 대상 가입자 교육 · 컨설팅 및 투자특성 진단

이 절 1)의 ③에 서술한 '참가기업 노사 대상 가입자 교육·컨설팅 및 투자특성 진단' 을 참고하기 바란다.

④ 퇴직연금 적립자산 운용계획서(IPS) 마련

표준형 DB의 경우 참가기업들은 각 기업별로 별도의 운용계획서를 작성해야 한다. 운용계획서의 작성은 이 절 1)의 ④에 서술한 내용을 참고하기 바란다.

표준형 DC의 경우 그 수익자인 근로자 개인별로 운용계획서를 작성하는 것은 사실상 어려움이 있으나, 근로자들의 투자특성 진단과 자산배분 및 퇴직연금상품 선택에 공통적으로 적용할 기준과 투자 철학 등을 명시한 운용계획서를 준비할 수 있을 것이다.

⑤ 퇴직연금상품 결정

준비위원회에서 표준형 퇴직연금 자산을 운용할 퇴직연금상품 풀(pool)을 구성하는 게 바람직하다. 표준형 제도를 설정할 후보 퇴직연금사업자들로부터 추천받은 외부전문가의 도움을 받을 수도 있다.

근로자들이 위 ③에서 진단한 자신의 투자특성 결과에 따라 자신에게 적합한 자산배분과 분산투자가 이루어진 퇴직연금상품을 선택할 수 있도록 퇴직연금상품 풀(pool)을 제공해야 할 것이다. 위험자산 투자한도(고위험-중위험-저위험-안정형)에 따라 다양한 퇴직연금상품 풀(pool)을 구성할 수 있다.

이 때 퇴직연금상품 풀(pool)을 구성하는 각 상품의 정보 제공 및 공시 방법, 퇴직연금상품 수수료 등을 협상할 수 있다. 퇴직연금상품들에 장기적이고 안정적인 수익률을 도모하는 투자 철학과 지침을 명시할 것을 요구·검증할 수 있다. 상품에 따라 사회책임투자 원칙(ESG분석, 주주권행사 등) 적용을 요구하거나 사회책임투자를 위한 외부 전문기구의 활용을 요구할 수도 있다. 만약 투자성상품인 집합투자기구가 '투자신탁' 이 아니라 '투자회사' 라면 집합투자기구의 감독이사를 추천하여 선임할 수도 있다.

가입자가 운용지시를 하지 않는 경우 1년 만기 정기예금 등의 자동운용상품 역시 여기에서 결정하는 게 바람직하다.

⑥ 표준형 제도를 설정할 퇴직연금사업자의 결정

표준형 퇴직연금 제도에서 퇴직연금사업자는 운용관리 기능과 자산관리 기능을 수행한다. 그러나 표준형 퇴직연금을 설정하려는 참가기업 노사가 주도적으로 준비위원회를 구성하여 위 ②~⑤의 과정을 거친다면 준비위원회가 사실상 운용관리 기능의 상당 부분을 수행할 수 있다. 위 ⑤에서 결정한 퇴직연금상품 풀(pool)에 선정된 퇴직연금상품들의 판매회사로 등

록하도록 표준형 제도를 설정할 퇴직연금사업자에게 요구할 수 있다.

따라서 표준형 퇴직연금사업자를 선정할 때 운용관리수수료를 일부 절감하는 협상이 가능하다. 자산관리수수료는 적립 자산의 규모에 따라 차등요율로 적용하도록 협상할 수 있다.

⑦ 표준형 퇴직연금규약 및 표준계약서 작성

표준형 퇴직연금을 설정하려는 퇴직연금사업자는 퇴직연금 표준규약 및 운용관리업무와 자산관리업무에 관한 표준계약서를 작성해야 한다. 이때 표준규약과 표준계약서에는 퇴직연금운영위원회 구성 및 운영의 방법을 명시하는 게 바람직하다. 퇴직연금운영위원회는 퇴직연금사업자 및 참가기업 노사와 외부전문가를 포함하여 구성하면 좋을 것이다. 이는 퇴직연금의 실질적인 가입자이자 최종 수익자가 근로자임을 감안하면 합리적인 요구이다.

⑧ 표준형 제도 설정 신청 및 고용노동부 심사 · 승인

퇴직연금사업자가 표준형 DC를 설정하려면 표준규약 및 표준계약서에 대하여 고용노동부장관의 승인을 받아야 한다.

⑨ 참가기업 노사 추가 모집, 교육 · 컨설팅

표준형 퇴직연금 설정에 참가한 기업 노사는 표준형 퇴직연금규약에 찬동하는 기업 노사를 상대로 추가 모집에 나설 수 있을 것이다. 퇴직연금 적립자산의 규모를 키우고 가입자 수를 늘릴수록 '규모의 경제' 효과를 누릴 수 있기 때문이다.

⑩ 퇴직연금운영위원회 정기 · 수시 운영

표준형 퇴직연금에 참가한 기업 노사는 퇴직연금운영위원회를 구성하여 퇴직연금 운영 상황을 정기·수시로 감독할 필요가 있다.

3) 초기업 단위 퇴직연금 설계 시 노동계가 주의해야 할 사항

기업 노사가 주도하여 초기업 단위 퇴직연금을 설계할 때 가장 역점을 두어야 할 사항은 퇴직연금 가입자이자 수익자인 기업 노사 중심의 지배구조를 올바로 세우고 퇴직연금사업자 및 퇴직연금상품을 운용하는 금융회사들이 수익자 우선의 충실의무 및 금융 윤리를 준수하도록 하는 것이다.

기업 노사 중심으로, 특히 퇴직연금의 최종 수익자인 근로자 관점에서 퇴직연금 지배구조를 올바로 세우지 못한다면 앞서 제1장과 제2장에서 논의한 문제점들과 편견들을 극복하기란 매우 어렵다. 정부는 기금형 퇴직연금 제도를 도입함으로써 노사의 참여 저조와 전문성 부족 등 퇴직연금사업자에 대한 의존도가 높았던 퇴직연금의 지배구조를 개선하고자 한다. 그밖에 저자가 제1장에서 지적한 문제점들 중 일부도 해결할 수 있으리라 기대하는 눈치다.

그러나 현실은 다를 수 있다. 우리나라보다 앞서 기금형 퇴직연금을 시행하고 있는 많은 나라들에서도 수익자 중심의 퇴직연금 지배구조라는 목표는 전혀 달성하지 못한 채 기금 관리비용과 퇴직연금 자산운용의 위험성을 증가시키고 근로자의 수급권을 심각하게 위협했던 사례는 다양하게 나타났다. 기금형 퇴직연금제도의 도입 취지와 달리 실행 과정에서 나타날 수 있는 문제점들을 제1장 제1~4절에서 살펴보았는데 여기에서 다시 정리해 보자.

첫째, 재벌기업을 비롯한 그룹사·지주사의 계열사들이 기금형 제도에서 자사이기주의 관점으로 계열 금융회사에 기금 몰아주기와 계열사 채권·주식의 편입비중 확대 등을 통한 기업지배구조 방어 수단에 활용할 경우 퇴직연금 수급자인 근로자의 이해관계를 심각하게 훼손할 수 있다. 과도한 위험자산 투자로 2008년 금융위기 전후 파산 위험을 불러일으킨 미국의 GM, 크라이슬러 등의 퇴직연금기금 운용사례 역시 타산지석으로 삼아야 한다. 산업별 노사관계보다 기업별 노사관계를 우선시해 온 우리나라 현실로 볼 때, 정부와 노동계는 기금형 제도 하에서 퇴직연금 가입 기업과 금융회사가 결탁하여 자본시장의 건전성을 교란시키고 근로자의 수급권을 훼손할 위험성을 심각하게 우려해야 마땅하다.

둘째, 계약형 제도와 마찬가지로 기금형 제도 역시 내생적으로 안고 있는 대리인 문제(대리인이 주인의 이익보다 대리인의 이익을 우선시하는 문제)를 퇴직연금 가입자인 기업과 노동계가 제어할 수 있는가이다. 기금의 내부·외부 전문가들은 자산관리를 담당할 퇴직연금사업자 금융회사 및 자산운용을 담당할 자산운용 금융회사에 '포섭'(capture)될 수 있는 위험에 항상 직면해 있다. 기업과 노동계가 장기적이고 안정적인 자산운용 철학과 투자지침 아래 투명성·도덕성을 담보할 장치들과 대리인들의 충실의무를 제어할 만한 실력을 갖추지 못한다면, 기금형 제도를 도입한다고 해도 금융회사가 주도하는 퇴직연금 시장의 폐해는 계속될 수밖에 없다.

셋째, 기금형 제도가 가입 기업들에게 더 높은 비용과 위험을 발생시킬 수도 있다. 기금형 제도는 현행 퇴직연금사업자의 기능 중에서 자산운용상품 정보 제공 등의 운용관리 기능을 노사가 선임한 자 및 외부전문가 등으로 구성하는 수탁법인이 수행하도록 하는 것이다. 자산관리 기능은 여전히 퇴직연금사업자인 금융회사와 계약하여 수행한다. 기금형 제도와 계약형 제도 모두 대리인 문제를 안고 있는데, 기금형 제도의 수탁법인 관리·운영 비용이 커진다면 차라리 표준형 제도를 활용하는 편이 나을 수 있다.

결론적으로 기금형 제도의 도입이 현재까지 나타난 퇴직연금의 문제점들을 해결할 수 있는 만능 키는 결코 아니다. 그러나 단일 기업 노사가 자체적으로 퇴직연금의 문제점 개선을 도모하기란 더욱 어려운 실정이다.

기금형 제도와 표준형 제도는 모두 기업 노사의 자율적인 제도 선택 폭을 넓히고 창의성을 자극할 수 있다는데 큰 의미가 있다. 결국 퇴직연금의 지배구조를 올바로 세우려면 초기업 단위 퇴직연금 설계에 산업별로 또는 지역별로 연대할 수 있는 초기업 단위의 노사가 주도적으로 퇴직연금운영위원회를 구성하고 실천적인 계획과 프로그램을 갖추려는 노력에 나서야 한다.

4) 정부 주도 중소기업퇴직연금기금의 설계 과정에서 노동계가 기울여야 할 노력

기금형 퇴직연금제도가 입법되면 정부는 근로복지공단 퇴직연금을 중소기업퇴직연금기금으로 전환하기 위한 노력을 기울일 것으로 예상된다.

제1장 제5절에서 간략히 살펴본 바와 같이 중소기업의 퇴직연금 도입 비율이 낮은 이유는 다음과 같다. 첫째, 중소기업 사업주의 재정적 부담이다. 둘째, 퇴직연금사업자가 중소기업을 대상으로는 이윤 창출이 어렵기 때문에 영업에 소극적이다. 셋째, 노동조합 조직률이 낮고 퇴직연금 도입을 권리로 인식·주장할 수 있는 근로자 대표 기구가 없는 경우가 대부분이다. 넷째, 근로복지공단 퇴직연금 홍보·모집 인력만으로는 그 활동의 성과에 한계가 있다.

정부가 근로복지공단을 매개로 주도할 중소기업퇴직연금기금은 수탁법인 설치·운영에 필요한 비용을 참가기업이 아닌 정부가 부담할 경우 중소기업의 퇴직연금 도입률 제고와 사각지대 해소에 상당한 도움이 되리라 생각한다.

양대 노총은 중소기업 근로자의 이해관계를 대표할 수 있는 기구의 대표자와 전문가를 수탁법인 이사회에 참여시켜야 할 것이다. 이 절 1)의

①~⑪에서 논의한 내용들을 중소기업퇴직연금기금 설치·운영 과정에서 반영하고 제1장 제1~7절에서 살펴본 문제점들을 극복하려는 노력이 필요하다.

또한 노동계는 중소기업 노사가 이 절 1)의 초기업 단위 기금형 퇴직연금 또는 이 절 2)의 초기업 단위 표준형 퇴직연금에 가입할 수 있도록 문호를 개방해야 한다. 정부 주도의 중소기업퇴직연금기금과 초기업 단위 노사 주도의 퇴직연금은 서로를 벤치마킹하며 보다 수익자 중심으로 퇴직연금 시장 질서를 건전하게 개선시켜 나갈 수 있을 것이다.

그밖에 정부가 주도하게 될 중소기업퇴직연금기금의 설계 및 운영 과정에서 노동계가 기울여야 할 노력에 대하여는 제1장 제5절의 논의와 이 장 제4절의 논의를 참고하기 바란다.

2 퇴직연금사업자 및 퇴직연금 자산운용사와 무엇을 협상할 것인가

제1장 제1~3절에서 논의한 내용들을 다시 한 번 살펴보면서 퇴직연금사업자 또는 퇴직연금 자산운용사인 금융회사들과 기업 노사가 퇴직연금운영위원회를 구성하여 협상할 수 있는 내용들을 살펴보고자 한다. 물론 초기업 단위의 퇴직연금을 설계하는 과정에서라면 이 협상은 더욱 탄력을 받을 수도 있다.

1) 퇴직연금사업자와 협상할 내용

우리나라 퇴직연금 시장에서는 퇴직연금사업자들이 대부분 운용관리 기능과 자산관리 기능을 일체형으로 수행하고 있다. 퇴직연금사업자와 퇴직연금운영위원회 구성 방안, 운용계획서(IPS) 작성 방안, 퇴직연금사업자 수수료 인하 방안, 예금자보호법을 이용한 퇴직연금 자산 안전성 확보 방안, 공시 및 정보제공 방안 등을 협상할 수 있다.

① 퇴직연금운영위원회 구성 방안

현재 퇴직연금운영위원회 구성은 의무화되어 있지 않지만 기업 노사는 퇴직연금운영위원회 구성을 요구할 수 있다. 기업 노사 및 기업 노사가 추천한 외부전문가, 퇴직연금사업자 및 퇴직연금상품 운용사 등으로 퇴직연금운영위원회를 구성할 수 있다. 퇴직연금운영위원회가 퇴직연금 설계 단계에서 주도적인 역할을 수행하고 퇴직연금 운영 과정에서 정기·수시 감독 및 보고를 수행할 수 있다.

② 운용계획서(IPS) 작성 방안

현재 운용계획서 작성은 의무화되어 있지 않지만 기업 노사는 퇴직연금

운영위원회에서 외부전문가의 도움을 받아 운용계획서를 작성하고 이를 퇴직연금사업자에게 준수하도록 제시할 수 있다. 특히 DB형 퇴직연금의 경우에는 반드시 필요하다. 이 장 제1절 1)의 ④에서 논의한 내용을 살펴보기 바란다.

③ 퇴직연금사업자 수수료 인하 방안

퇴직연금사업자 수수료는 운용관리수수료와 자산관리수수료로 구성되어 있다. 운용관리수수료와 자산관리수수료를 모두 적립 자산의 규모에 따라 차등요율로 설계하는 협상을 할 수 있다. 물론 단일요율로 하더라도 이를 낮추려는 협상이 가능하다.

DB형 퇴직연금에서 원리금보장상품으로 운용하는 경우 퇴직연금사업자 수수료는 특히 수익자인 기업의 순수익률에 직접적인 영향을 미친다는 점을 상기해 보자.

근로자의 자발적 추가납입에 대해 퇴직연금사업자 수수료를 면제하거나 낮추기 위한 협상도 고려해 볼 수 있다.

④ 예금자보호법 이용 퇴직연금 자산 안전성 확보 방안

퇴직연금 자산의 안전성에 대한 제2장 제4절의 논의를 상기해 보자. DC/IRP형 퇴직연금에서 원리금보장상품으로 운용하는 근로자라면 퇴직연금 자산을 예금자 보호한도인 5천만원 미만 단위로 나누어 각기 다른 금융회사의 원리금보장상품에 가입할 수 있다.

향후 퇴직연금의 성장 전망을 고려한다면 예금자 보호한도를 확대하려는 노력이 필요하다.

⑤ 공시 및 정보제공 방안

제1장 제3절의 3)에서 첫 번째로 논의한 투자성 퇴직연금상품 정보 비

교공시에 대한 개선방안, 두 번째로 논의한 원리금보장형 퇴직연금상품 정보 비교공시에 대한 개선방안, 세 번째로 논의한 퇴직연금사업자 정보 비교공시에 대한 개선방안을 다시 살펴보기 바란다. 고용노동부 비교공시 서비스에서 개선방안을 반영하여 통합 정보를 제공한다면 가장 바람직할 것이나, 퇴직연금사업자에게 이러한 개선방안을 요구하는 것도 가능하다.

2) 퇴직연금 자산운용사와 협상할 내용

퇴직연금상품 중에서 원리금보장상품은 은행과 보험사가 제공하고 있다. 원리금보장상품을 제공하는 은행과 보험사를 상대로는 특별히 협상할 만한 내용이 없다.

퇴직연금상품 중에서 투자성상품은 보험사와 자산운용사가 보통 집합투자기구의 형태로 제공하고 있다. 투자성상품을 제공하는 보험사와 자산운용사를 상대로는 퇴직연금상품 수수료 인하 방안, 사회책임투자 도입 및 외부 전문기구 활용 방안, 감독이사 추천 방안, 공시 및 정보제공 방안 등을 협상할 수 있다.

디폴트 옵션(default option, 적격운용방법)에 대한 협상을 진행할 수도 있다. 다만 저자는 디폴트 옵션은 근로자가 알지도 못하는 사이에 투자위험을 감수하게 만드는 효과를 갖는 만큼 근로자들의 투자특성 진단 관행을 정착시키고 제1장에서 논의한 문제점들을 상당한 정도로 개선하여 자본시장의 투명성·도덕성에 대한 신뢰를 형성한 이후에 도모하는 것이 바람직하다고 생각한다. 디폴트 옵션 도입 논의가 현재와 같이 가입자 교육·컨설팅 및 투자특성 진단을 소홀히 하는 상황에서 이루어지는 것은 결코 바람직하지 않다.

① 퇴직연금상품 수수료 인하 방안

제1장 제1절에서 논의한 퇴직연금 수수료의 구조와 종류 및 개선방안

의 내용들을 다시 살펴보기 바란다.

DB형 또는 DC형 퇴직연금에서 투자성상품으로 운용하는 경우 퇴직연금사업자 수수료는 투자성상품의 판매회사 보수와 동일한 성격을 가진다는 점을 상기하고 판매회사 보수를 없애거나 0.03% 이하로 낮추기 위한 협상을 해야 한다. 집합투자업자 보수는 퇴직연금 자산의 투자기간이 길어짐에 따라, 적립 자산의 규모에 따라 차등요율로 설계하는 협상을 할 수 있다. 물론 단일요율을 낮추려는 협상도 가능하다. 신탁업자 보수 및 사무관리회사 보수 역시 미세하게나마 낮추려는 협상이 가능하다.

이러한 수수료 합리화 노력은 '복리 효과(compounding effect)'를 가져오고 수익자인 기업(DB형)이나 근로자(DC/IRP형)의 순수익률을 높이는데 매우 중요하다.

② 사회책임투자 도입 및 외부 전문기구 활용 방안

장기적이고 안정적인 투자 철학과 지침을 적용하려는 협상이 필요하다. 사회책임투자는 장기적이고 안정적인 수익률과 분산투자를 도모하는 투자 철학의 대표적인 예다. 이러한 투자 철학은 증권거래비용 및 기타 비용을 절감하고 자산운용사와 자산운용역의 단기 성과주의나 도덕적 해이를 방지하는데 도움이 되기도 한다.

사회책임투자를 도입할 때 상장 기업에 대한 ESG분석과 의결권 행사를 비롯한 주주권 행사 방안을 전문적으로 연구하는 외부 전문기구를 활용하도록 요구할 수 있다.

③ 감독이사 추천 방안

투자성상품인 집합투자기구가 '투자신탁'이 아니라 '투자회사'라면 기업 노사가 집합투자기구에 대하여 감독이사 추천권을 행사하고 집합투자업자인 보험사와 자산운용사가 기업 노사가 추천한 감독이사를 선임하도록 요구할 수 있다. 이 장 제1절 1)의 ⑤에서 논의한 내용을 살펴보기 바란다.

④ 공시 및 정보제공 방안

제1장 제3절의 2)와 3)에서 논의한 투자성 퇴직연금상품 정보 비교공시에 대한 개선방안을 다시 살펴보기 바란다. 퇴직연금상품 정보 비교공시는 고용노동부 비교공시 서비스에서 반드시 개선방안을 반영하여 통합 정보를 제공해야 할뿐만 아니라 퇴직연금상품 투자설명서, 간이투자설명서, 자산운용보고서 등에도 반드시 개선방안을 반영해야 한다.

3 단체교섭에서 무엇을 논의할 것인가

산업별로 연대할 수 있는 초기업 단위의 노사가 기금형 또는 표준형 퇴직연금을 설계하는 경우라면 산별 단체교섭에서 이 장 제1절의 1)과 2)에서 논의한 준비위원회 구성에서부터 퇴직연금운영위원회 운영까지에 필요한 구체적인 내용들을 협의할 수 있을 것이다.

지역별로 연대할 수 있는 초기업 단위의 노사가 기금형 또는 표준형 퇴직연금을 설계하는 경우라면 필요에 따라 지역자치단체장을 포함한 노사정 협의체를 만들어 이 장 제1절의 1)과 2)에서 논의한 준비위원회 구성에서부터 퇴직연금운영위원회 운영까지에 필요한 구체적인 내용들을 협의할 수 있을 것이다.

개별 기업 노사관계에서는 각 기업의 경영현황과 노사관계의 특성을 반영하여 각 기업 단위에서 구체화하거나 추가적으로 보완해야 할 사항들을 협의할 수 있다.

이 절에서는 초기업 단위 노사관계 또는 노사정 협의체를 비롯하여 개별 기업 노사관계에서 협의·결정해야 할 사항들을 살펴보고자 한다.

1) 제도 유형(DB형/DC형)과 적립금 납부 수준 및 방법

DB형을 선택한다면 매년 기준책임준비금 대비 적립비율을 결정해야 한다. 2017년 말까지의 최소적립비율은 80%이다. 2018년 이후 최소적립비율은 고용노동부령으로 새로이 정할 예정이다. 저자는 노사가 기준책임준비금의 100%를 넘어서는 적립금을 부담하도록 합의하려는 노력을 할 것을 권장한다.

DB형의 경우 노사는 수탁법인 이사회 또는 퇴직연금운영위원회에서 운용계획서(IPS)를 작성해야 한다. 이 때 제1장 제4절 1)의 ①과 이 장 제1

절 1)의 ②와 ④에서 살펴본 바와 같이 초과 적립한 퇴직연금 자산이 없을 경우 사실상 보수적이고 안정적인 자산운용에 치중해야 함을 유념해야 한다.

DC형을 선택한다면 기업이 매년 근로자 개인별로 평균임금 30일분 이상을 적립해주어야 한다. 매년 평균임금 12분의 1(30일치)을 초과하여 적립할 수 있는 방법들은 제2장 제2절 3)에서 논의한 내용을 참고하기 바란다. 근로자 관점에서 승진·승급·임금인상에 따른 평균임금 상승분을 고려했을 때 DB형 대비 최종 수령금액이 적을 것을 우려하여 노사관계에서 DC형으로의 전환이 망설여진다면, 노사는 단체교섭 총액 재원의 범위 내에서 이를 극복할 다양한 방법들을 창의적으로 개발할 수 있다.

DC형의 경우 근로자 투자특성 진단 점검 및 교육·컨설팅 계획 수립은 퇴직연금운영위원회에서 수행할 수 있을 것이다.

2) 완전 적립을 위한 노력

DB형과 DC형 모두 퇴직연금 도입 이전의 과거근로기간을 포함하여 완전적립하기 위한 노력을 게을리 해서는 안 된다. 근로자의 퇴직급여 수급권의 안전성을 위하여 완전적립이 얼마나 중요한가는 제2장 제1절 1)에서 이미 살펴보았다.

특히 DB형의 경우 완전적립 상태를 넘어 초과 적립한 퇴직연금 자산이 없을 경우 사실상 보수적이고 안정적인 자산운용에 치중해야 하기 때문에, 매년 새로이 적립할 부담금을 낮출 목적으로 높은 퇴직연금 자산운용 수익률을 도모하고자 하는 노사는 퇴직연금의 위험 감내 능력을 키우기 위하여 초과 적립 노력을 적극적으로 할 필요가 있다.

3) 추가 적립을 위한 노력 (DC형, 개인형 IRP)

우리나라의 근로자들이 제1장 제4절 1)의 ②에서 설명한 우리나라의 5층 연금체계를 감안하여 은퇴 이후 연금설계를 해본다면 아마도 대부분의 근로자들이 기업이 적립해주는 퇴직연금만으로 자신의 노후 연금설계를 적정하게 할 수 있을까 의문이 들 것이다. 현재 연령이 상대적으로 높은 근로자라면 노후 연금설계에 대한 불안감이 더욱 높을 수 있다.

초기업 단위 또는 기업 단위 노사가 DC/IRP형 수수료 체계를 합리화하면서 적극적으로 활용한다면 시중에서 가입할 수 있는 개인연금 상품보다 실질 수수료와 서비스 등 여러 가지 측면에서 훨씬 만족할만한 개인 자산운용과 노후 설계 방안을 근로자들에게 제공할 수 있을 것이다. DB형 퇴직연금을 도입한 노사라면 개별 근로자들에게 개인형 IRP계좌를 개설하여 추가적립을 도모할 수 있고, DC형 퇴직연금을 도입한 노사라면 각자의 DC형 계좌를 활용하거나 개인형 IRP계좌를 추가로 개설하여 추가적립을 도모할 수 있다.

실제로 노사관계에서 퇴직연금이 인적 자원 관리 영역에서 새로운 경쟁력 창출 요인이 될 수 있음을 인식하고, 퇴직연금의 세제혜택과 과세이연 효과를 활용하여 근로자 생애복지를 강화하고 우수한 인적 자원 채용·유지의 수단으로 활용하려는 기업들이 서서히 늘고 있다.

노사가 협의하여 경영성과급의 전부 또는 일부를 DC형 또는 개인형 IRP 계좌로 지급하는 사례가 많고 기업과 근로자가 매칭(matching)의 방식으로 추가납입하는 사례도 늘고 있다. 근로자 스스로 DC/IRP 계좌에 추가 납입하는 사례도 점차 확산되리라 생각한다.

DC/IRP형에서 위의 추가납입 방식들에 대한 운용관리수수료와 자산관리수수료를 노사간 협약을 맺어 기업이 부담하도록 변경하거나 퇴직연금사업자와 협상하여 낮추려는 노력도 필요하다.

기업별 노사관계에서 추가납입 노력을 하는 것 외에도 산업별 노사관계 또는 국가의 노동정책에서 노동소득 분배 구조를 개선하고 소득 격차를 완화하려는 노력이 매우 절실하다. 제1장 제5절에서 살펴보았듯이 현재까지의 퇴직연금 도입 및 수령 현황을 보면 노후설계의 부익부빈익빈 현상이 나타나고 있음을 알 수 있다. 소득계층간·세대간 소득재분배 기능을 가진 국민연금과는 달리 퇴직연금은 소득재분배 기능이 없는 소득비례연금 구조임을 감안하면, 퇴직연금의 부익부빈익빈 현상은 더욱 심각해질 것임을 쉽게 예상할 수 있다. 국가의 지속가능성 관점에서 정부와 국회를 비롯한 각 경제 주체들의 노동소득 분배 구조 개선 노력이 절실한 이유이다.

4) 보장성 보험 특약 – 질병·상해 실손 보상, 장애연금, 유족연금 등

숙련도와 노동생산성 향상을 위하여 근로자의 장기근속을 권장해야 할 기업이라면 질병·상해 실손 보상, 장애연금, 유족연금 등의 내용을 담은 특약을 기존의 보장성 단체보험 대신 퇴직연금 구조 속에 포함하여 설계할 수도 있을 것이다. 여기서는 추가적인 논의를 생략한다.

4 근로자 전문교육기관을 어떻게 구성할 것인가

퇴직연금 도입 초기인 지난 10여 년간 퇴직연금 가입자 교육은 사실상 기업으로부터 위탁받은 퇴직연금사업자가 담당해 왔다. 그러나 퇴직연금사업자는 기업 및 근로자와 이해상충을 불러일으킬 수 있다는 점에서 부적절한 교육 주체이다.

저자는 제1장 제7절에서 퇴직연금의 실질적인 가입자이자 최종 수익자인 근로자 관점에서 객관적이고 중립적인 교육을 제공할 수 있는 제3의 독립된 전문 교육기관을 설치해야 할 필요성을 살펴보았다. 이 절에서는 전문 교육기관이 담당해야 할 교육의 내용, 전문 교육기관의 구성 방법, 정부가 노사와 협력하여 구축해야 할 표준 시스템의 내용, 교육비용의 부담 주체와 방법 등에 대하여 살펴보고자 한다.

1) 전문 교육기관이 담당해야 할 교육의 내용

제3의 독립된 전문 교육기관은 아래와 같은 내용들을 교육 내용으로 구성해야 한다.

① 퇴직연금 제도 일반 및 관련 노동관계법령
② 퇴직연금 설계 및 투자특성 진단 방법(DB형의 경우 운용계획서의 내용 설명 추가)
③ 퇴직연금 자산 과소·불완전 적립 검증 방법
④ 생애 재무 설계 및 노후 연금설계의 중요성
⑤ 장기·분산투자 등 안정적 투자 원칙 및 투자위험과 수익률의 관계
⑥ 금융상품 지식 함양 및 자신에게 적합한 자산운용상품 선택 방법
⑦ 퇴직연금상품 공시 및 제공 정보 비교 방법
⑧ 기업 노사 및 근로자 개인에 대한 상담 및 컨설팅

위의 교육 내용들이 왜 필요한지에 대하여는 제1~2장의 각 절에서 설명하였다.

2) 전문 교육기관의 구성 방법

전문 교육기관은 정부와 노동계가 주도하여 구성할 필요가 있다. 노동계는 근로자 대표성을 가짐과 동시에 퇴직연금 교육을 둘러싼 이해상충의 우려가 가장 적다는 점에서 적극적인 역할이 필요하고, 정부는 위 1)의 교육 내용의 객관성과 타당성을 검증하고 표준적인 시스템을 제공할 수 있다는 측면에서 적극적인 역할이 필요하다. 다만 퇴직연금 교육에 대하여 기업이 부담해야 할 기회비용이 증가할 수 있다는 측면에서 교육의 방법과 시기, 비용 부담의 원칙과 방법 등에 대하여는 기업들과의 공동의사결정 과정이 필요하다.

전문 교육기관은 크게 두 부문의 전문 강사·컨설턴트 그룹으로 구성할 수 있다.

제1그룹은 기업 인사노무와 노사관계 및 노동관계법령 등에 전문성·윤리성을 갖추고 퇴직연금 제도 일반, 퇴직연금 과소·불완전 적립 여부 검증 등에 대한 교육·컨설팅을 담당할 수 있는 그룹이다. 위 1)에서 ①, ③, ⑧의 내용을 주로 담당한다.

제2그룹은 재무 설계 및 자산운용 등에 전문성·윤리성을 갖추고 연금설계, 투자특성 진단, 퇴직연금상품 정보 비교, 투자 원칙 및 금융상품 지식 등에 대한 교육·컨설팅을 담당할 수 있는 그룹이다. 위 1)에서 ②, ④, ⑤, ⑥, ⑦의 내용을 주로 담당한다.

제1그룹과 제2그룹은 각각 해당 분야에 독립성과 전문성, 윤리성을 갖춘 전문 자격사 그룹을 포함하여 구성할 수 있다. 또한 각 전문 자격사 그룹을 일정 시간 교차 교육 이수 절차를 통해 상호 보완이 가능하도록 구성할 수도 있을 것이다.

위 1)의 ①~⑦의 내용은 모두 집합 교육과 동영상 교육이 가능하고, 서면/온라인/전자우편/상시 게시 등의 방법을 활용하는 것도 가능할 것이다.

위 1)의 '⑧ 기업 노사 및 근로자 개인에 대한 상담 및 컨설팅'은 출장/대면/통화/온라인 상담이 가능하도록 설계할 수 있을 것이다.

3) 정부가 노사와 협력하여 구축해야 할 표준 시스템의 내용

위 1)의 ①~⑦의 내용 중에서 퇴직연금 제도의 도입 취지상 가장 핵심적으로 이루어져야 할 교육임에도 불구하고 현재 금융 윤리와 가장 동떨어진 방식으로 부실하게 교육이 이루어지고 있는 것은 '② 퇴직연금 설계 및 투자특성 진단 방법'이다. 그 실태와 문제점을 제1장 제4절 1)에서 살펴보았다. 자본시장을 부양하고 싶은 조급한 마음에 높은 투자위험을 권유하기에 급급했던 정부와 금융업계의 금융 윤리 부재와 이해상충 탓이 크다. 이는 제1장 제4절 2)에서 살펴보았다.

근로자들이 스스로 우리나라 5층 연금체계를 감안하여 은퇴 이후 연금 설계를 하고 자신의 투자특성을 수시로 진단해볼 수 있는 표준시스템을 만드는 일은 그리 어렵지 않다. 그리고 이 표준시스템은 정부가 제3의 독립된 전문 교육기관과 함께 구축하는 것이 가장 바람직하다는 게 저자의 생각이다. 연금설계 시스템과 투자특성 진단 시스템이 금융 윤리로부터 미세하게나마 이탈하는 순간 퇴직연금 최종 수익자인 근로자의 노후가 위협받을 위험성은 커질 수밖에 없게 된다.

정부가 구축해야 할 또 하나의 표준시스템은 퇴직연금상품 비교공시 시스템이다. 현재 정부가 제공하고 있는 퇴직연금 정보 비교공시 시스템은 퇴직연금사업자인 금융업계가 주도한 퇴직연금 도입 초기의 문제점들을 고스란히 보여주고 있다. 그 실태와 문제점을 제1장 제3절 1)과 2)에서 살펴보았다.

퇴직연금의 실질적인 가입자이자 최종 수익자인 근로자 관점에서 금융윤리에 부합하는 방식으로 전면적인 개편이 필요하다. 이러한 개편은 퇴직연금 부담 주체인 기업에게도 큰 도움이 된다. 이 표준시스템 역시 정부가 제3의 독립된 전문 교육기관과 함께 구축하는 것이 가장 바람직하다는 게 저자의 생각이다. 퇴직연금상품 비교공시 표준시스템의 개선방안을 제1장 제3절 3)의 첫째와 둘째에서 기술하였다.

기업 노사 관점에서 퇴직연금사업자 비교공시 시스템을 구축하는 일도 필수적인데, 이는 제1장 제3절 3)의 셋째에서 기술하였다.

위 1)의 '① 퇴직연금 제도 일반 및 관련 노동관계법령'에 대하여도 정부는 표준적인 교육 내용을 제공하고, 위 1)의 ①, ④, ⑤, ⑥에 대하여 제3의 독립된 전문 교육기관이 제공하는 교육 내용의 객관성과 타당성을 검증할 수 있을 것이다.

4) 교육비용의 부담 주체와 방법

퇴직연금 제도 도입 초기부터 지금까지 퇴직연금 가입자 교육을 사실상 기업으로부터 위탁받은 퇴직연금사업자가 담당해 온 탓에 퇴직연금사업자 수수료 중에서 운용관리수수료는 그 위탁 교육비용을 포함하는 구조였다.

정부와 노동계가 기업들과 협의하여 제3의 독립된 전문 교육기관을 설치·운영하고 위 3)에서 기술한 표준시스템을 제공하게 된다면, 기업들은 퇴직연금사업자 운용관리수수료를 낮추는 대신 기업 특성 및 노사관계에 맞는 퇴직연금 교육 프로그램을 설계·운영하고 이에 따른 비용을 제3의 독립된 전문 교육기관에게 지불할 수 있을 것이다. 퇴직연금을 인적자원 관리 영역에서 새로운 경쟁력 창출 요인으로 인식하고 적극적으로 활용하고자 하는 노사관계라면 위 1)의 '⑧ 기업 노사 및 근로자 개인에 대한 상담 및 컨설팅'을 이용할 수도 있을 것이다.

정부는 중소기업퇴직연금기금 가입 노사에게는 제3의 독립된 전문 교육기관을 이용한 교육비용을 재정지원을 통해 면제하거나 할인할 수 있다. 이는 퇴직연금 세제혜택이 대부분 대기업과 고소득층 근로자에게 유리한 방식임을 고려한 소득재분배 기능의 일환으로 활용할 수 있다. 보다 자세한 설명은 이 장 제7절 3)과 4)의 논의를 참고하기 바란다.

5 퇴직연금운영위원회를 어떻게 운영할 것인가

퇴직연금 도입 초기였던 지난 10여 년간 퇴직연금의 문제점과 편견들은 정부와 퇴직연금사업자인 금융업계가 주도함으로써 발생할 수밖에 없었다는 것이 저자의 견해이다. 퇴직연금의 실질적인 가입자이자 최종 수익자인 근로자를 대표하는 노동계는 주도적 역할에 소극적이었고, 기업 역시 핵심 이해관계자이지만 많은 폐해가 발생하는 과정에서 적극적인 개선 노력을 할 수 없었다.

퇴직연금 지배구조를 수익자 중심의 지배구조로 개편하는 것이 퇴직연금의 문제점과 편견을 극복하는 출발점이 되어야 한다. 이는 금융 윤리에도 정확히 부합한다. 초기업 단위 또는 기업 단위 노사가 중심이 되어 퇴직연금 지배구조를 구축하기 위해서는 퇴직연금운영위원회를 상설 기구로 구성·운영해야 한다는 것이 저자의 생각이다. 퇴직연금상품의 자산운용보고서를 발행하는 3개월 단위 또는 반기 단위로 정기 회의를 운영하고 필요에 따라 수시 회의를 운영하는 게 바람직하다.

이 절에서는 퇴직연금운영위원회의 구성 방법과 역할을 살펴보고자 한다.

1) 구성 방법

기금형 퇴직연금의 지배구조는 수탁법인 이사회가 담당한다. 수탁법인 이사는 기업 노사가 동수로 선임하고 외부전문가를 포함하게 된다. 기금형 퇴직연금에 참가기업이 많아질 경우 수탁법인 이사회에 노사가 직접 이사로 참가하지 못하거나 이사 추천권한을 행사하지 못하는 경우도 있을 수 있다. 수탁법인 이사회 운영의 효율성을 고려하면 이사의 수를 대폭 늘리는 것은 바람직하지 않을 수도 있다. 따라서 수탁법인 이사들을 포함하되, 전체 참가기업 노사가 각각 근로자 규모에 따라 대표 1~2명씩을 선임하여 퇴직연금운영위원회를 별도로 구성하고 퇴직연금운영위원회가 실질적인 지배구조를 담당할 필요가 있다.

수탁법인 이사회는 보다 전문성을 갖춘 인원으로 구성하면서도 퇴직연금운영위원회는 참가기업 노사의 실질적인 대표성을 갖춘 인원들로 구성함으로써 수탁법인 이사회가 일으킬 수 있는 대리인 문제를 제어할 필요가 있다. 또한 최종 수익자인 근로자 관점에서 퇴직연금 운영 계획 수립과 성과 보고·설명을 보다 충실하게 수행할 필요가 있다.

표준형 퇴직연금 또는 단일 기업의 퇴직연금은 퇴직연금운영위원회의 구성을 의무화하고 있지 않다. 이는 지난 10여 년간 퇴직연금의 지배구조를 사실상 퇴직연금사업자가 주도하는 원인이기도 했다. 퇴직연금 도입 초기의 문제점과 편견들을 극복하고 퇴직연금을 수익자 관점에서 올바로 개선하기 위해서는 표준형 퇴직연금 또는 단일 기업의 퇴직연금에 대하여도 참가기업 노사와 외부전문가로 퇴직연금운영위원회를 구성하여 지배구조를 노사 주도로 가져갈 필요가 있다.

퇴직연금운영위원회는 참가기업 노사가 의사결정권한을 가진 주체로 참여하되, 외부전문가, 퇴직연금사업자, 퇴직연금 자산운용사, 사회책임투자 전문기구, 투자회사 형태의 집합투자기구 감독이사 등이 설명·보고 의무와 전문적인 조언 역할을 수행하기 위하여 참가하도록 해야 한다.

2) 역 할

① 운용계획서(IPS) 작성, 자산운용방식 결정, 퇴직연금상품 풀(pool) 구성

DB형의 경우라면 퇴직연금운영위원회에 참가하는 외부전문가의 조언을 받아 기업의 투자특성을 진단하고 최소 1년 단위로 운용계획서(IPS)를 작성하는 것을 의무적으로 수행해야 한다. 중대한 경영상의 변화 또는 경제 환경의 변화가 있는 경우에는 즉시 운용계획서(IPS)를 점검·수정할 수 있어야 한다. 이는 금융 윤리에도 부합한다.

DC형 가입자인 근로자별로 운용계획서를 작성할 수 있다면 매우 바람직할 것이나, 현실적으로는 비용상 어려움이 있을 것이다. 다만 중대한 경영상의 변화 또는 경제 환경의 변화가 있는 경우에는 이를 근로자들에게 주지시키기 위한 활동이 필요할 것이다.

기금형 퇴직연금이라면 수탁법인 이사들의 도움을 받아 퇴직연금운영위원회에서 기금의 위탁운용 외에 직접운용을 할 수 있는 자산운용팀과 시스템을 구축할 것인지도 사실상 결정해야 한다.

위험자산 투자한도(고위험-중위험-저위험-안정형)에 따라 다양한 퇴직연금상품 풀(pool)을 구성하되, 퇴직연금사업자의 자회사 또는 계열사 상품을 퇴직연금상품에 편입하는 경우에는 이해상충을 방지하기 위한 방안에 대한 점검도 필요할 것이다.

그밖에도 퇴직연금상품 풀(pool) 구성 과정에서 퇴직연금사업자 및 퇴직연금 자산운용사와 수수료, 사회책임투자 도입 여부 및 외부 전문기구 활용방안, 투자회사 형태 집합투자기구 구성 여부 및 감독이사 추천 방안, 공시 및 정보제공 방안 등에 대하여 협상할 필요가 있다.

② 근로자 투자특성 진단 및 교육 · 컨설팅

DB형과 DC형 모두 참가기업 근로자들을 대상으로 투자특성 진단 및 교육·컨설팅을 위한 표준적인 모델과 자료를 퇴직연금운영위원회에서 마련하여 제공할 필요가 있다. 외부전문가 등의 도움을 받아 은퇴 이후 연금설계 방법, 투자특성 진단과 자산운용 상품유형 결정 방법, 퇴직연금상품 공시 정보 비교 방법, 자신의 투자특성에 적합한 퇴직연금상품 선택 방법, 퇴직연금 과소·불완전 적립 검증 방법, 기타 금융지식과 정보 제공 방법 등을 표준화하여 제공한다면 바람직할 것이다. 물론 저자는 정부와 노동계가 손잡고 표준적인 시스템을 마련하여 제공할 수 있다면 가장 바람직할 것이라고 생각한다.

제3의 독립된 전문 교육기관을 활용하고자 할 경우에는 그 평가·선정 및 교육계획 수립과 사후 관리 역할을 퇴직연금운영위원회에서 수행해야 할 것이다.

③ 자산운용 과정 및 성과 점검

퇴직연금운영위원회는 정기·수시 회의를 통해 최종 수익자인 근로자 관점에서 퇴직연금 자산의 운용 과정과 성과를 점검할 필요가 있다. 퇴직연금상품의 자산운용보고서를 발행하는 3개월 단위 또는 반기 단위로 정기 회의를 운영하는 게 바람직하다. 중대한 경영상의 변화 또는 경제 환경의 변화가 있는 경우에는 수시 회의를 개최할 수 있다.

정기 회의에서 자산운용 현황 및 성과에 대한 보고·설명을 퇴직연금사업자 및 퇴직연금 자산운용사에게 요구할 수 있다. 사회책임투자 전문기구, 투자회사 형태의 집합투자기구 감독이사에게도 활동내역에 대한 보고·설명을 요구할 수 있다. 외부전문가에게 전문적인 조언을 구할 수도 있다.

이 때 제1장 제3절 3)에서 논의한 공시 및 정보제공의 타당성을 점검할 수 있다. 또한 퇴직연금상품 자산의 포트폴리오가 운용계획서에 명시한 장기적이고 안정적인 투자지침을 어느 정도 준수하고 있는지를 점검할 수 있다. 운용계획서 준수 여부, 순수익률, 비교지수, 비교지수 대비 순수익률 차이, 표준편차, 위험 대비 수익률 지표, 상품 총보수 및 증권거래비용, 자산운용역 현황 등을 퇴직연금운영위원회에서 정기적으로 점검하는 것만으로도 퇴직연금 자산운용 금융회사가 수익자에 대한 충실의무를 성실히 지키도록 유도할 수 있을 것이다.

퇴직연금운영위원회는 퇴직연금상품의 자산운용에 대한 점검 결과를 바탕으로 특정 퇴직연금상품에 대하여 DB형 위탁 자산의 회수를 결정하거나 DC형 가입자들에게 자산의 회수를 권고할 수도 있을 것이다.

기금형 퇴직연금이라면 내부 감사의 활동, 외부 회계감사인의 회계감사, 독립계리업자 또는 기금형퇴직연금사업자의 적립금·부담금 검증뿐만 아니라 수탁법인 이사회의 활동을 점검·심의하는 역할도 수행해야 할 것이다.

④ 주주권 행사의 적정성 점검

퇴직연금운영위원회는 집합투자기구가 보유한 투자대상 기업 주식에 대하여 위탁운용사가 어떻게 주주권 행사를 했는지 보고·설명을 요구할 수 있다.

주주권 행사는 의결권 행사 등의 소극적 형태뿐만 아니라 위탁운용사가 투자대상 기업에게 선별적으로 재무적·비재무적 지표와 관련하여 공시를 요구하는 공개적 영향력 행사, 비재무적 요소 평가를 바탕으로 기업가치 제고를 목표로 경영진에게 의견을 제시하는 비공개적 영향력 행사, 주주제안의 적극적인 주주권 행사 등을 폭넓게 포함하고 있다.

위탁운용사 및 위탁운용상품을 선정하는 과정에서 퇴직연금운영위원회는 위탁운용사의 주주권 행사 정책 수립 여부, 주주권 행사를 위한 외부 전문기구 활용 여부 등을 평가요소에 반영할 수 있다. 퇴직연금운영위원회가 특정 퇴직연금상품을 대상으로 사회책임투자 적용을 요구하는 경우에는 의결권 행사지침을 비롯한 주주권 행사 가이드라인을 직접 제시하고 정기적으로 점검할 수도 있을 것이다.

6 사회책임투자를 어떻게 도입할 것인가

앞서 제2장 제6절에서 해외 주요국 공적 연기금은 사회책임투자 운용 규모를 빠르게 늘려가고 있다는 점을 설명한 바 있다. 우리나라 국민연금의 경우에도 2006년 이후 위탁운용 방식으로 사회책임투자를 꾸준히 늘려가고 있다. 공적 연기금은 그 특성상 중장기적 자산 보유가 불가피하기 때문에 재무적 지표 외에도 투자대상 기업의 비재무적 지표인 환경(E), 사회(S), 지배구조(G)와 관련된 지속가능성 여부가 투자의사결정의 주요 요인이 되고 있다.

퇴직연금 역시 중장기적 자산 보유가 불가피한 투자특성을 지닌다는 점에서 장기적이고 안정적인 수익률 제고를 목표로 하는 사회책임투자 철학과 지침을 가진 자산운용상품을 설계하고 선택하려는 노력이 필요하다.

향후 우리나라 국민연금과 퇴직연금의 예상 적립액 규모를 살펴보면 퇴직연금의 장기적이고 안정적인 투자 철학 도입 필요성은 더욱 커진다. 2015년 말 현재 512조원 규모의 국민연금기금은 2043년경 2,560조원 규모로 최대치를 기록한 뒤 점차 줄어들 것으로 예상된다. 반면 퇴직연금은 2016년 6월말 현재 129조원 규모에서 2030년경 960조원 규모, 2050년경 1,900조원 규모로 성장할 것으로 예상되며 국민연금이 줄어드는 과정에서도 계속 성장할 것으로 예상된다.

〈표23. 국민연금 및 퇴직연금의 중장기 예상 적립액 규모〉

(단위: 조원)

구 분	2014년	2020년	2030년	2040년	2050년
국민연금	446.4	847.1	1,732.3	2,494.4	2,200.5
퇴직연금	87.5	378.5	960.6	1,554.5	1,918.4

출처: "퇴직연금의 공공성 및 노후소득보장 강화 방안", 정창률 단국대 사회복지학과 교수, 2016.11.25 원출처: 국민연금연구원, 자본시장연구원

2015년 말 현재 국민연금 자산의 약 18.5%인 94조9천억 원만이 국내 주식에 투자되는 상황에서도 국민연금이 막강한 영향력을 행사하고 있음을 감안한다면 향후 퇴직연금이 국내 주식 시장을 비롯한 자본 시장에 대해 가질 수 있는 영향력을 가늠해볼 수 있다. 예를 들어 퇴직연금이 960조원 규모로 성장하리라 예상되는 2030년 즈음에 퇴직연금 자산의 10%만 국내 주식 시장에 투자된다고 가정해도 96조원으로 2015년에 국민연금이 국내 주식 시장에 가진 영향력을 넘어서는 영향력을 행사할 수 있게 된다는 점을 알 수 있다.

따라서 해외 주요국 공적 연기금 및 국민연금과 마찬가지로 국내 퇴직연금에도 장기적이고 안정적인 수익률 제고를 목표로 하는 투자 철학으로서 사회책임투자 원칙을 도입하려는 노력은 중요한 의미를 갖게 될 것이다. 이 절에서는 초기업 단위 퇴직연금운영위원회 또는 노사정 협의체를 비롯하여 개별 기업 퇴직연금운영위원회에서 사회책임투자 원칙을 도입하고자 할 때 협의·결정해야 할 사항들을 살펴보고자 한다.

1) 운용계획서(IPS) 및 퇴직연금상품 투자설명서 반영

DB형 퇴직연금이라면 퇴직연금운영위원회에서 운용계획서(IPS)에 사회책임투자 원칙을 명시할 수 있다. 전체 퇴직연금 자산 중에서 사회책임투자를 적용할 자산의 비중을 명시하고 사회책임투자 원칙 적용방식과 범위를 명시할 수 있다. 사회책임투자를 적용할 위탁운용사와 위탁운용상품 선정을 위한 일반적인 절차 및 심사 기준을 명시할 수도 있다.

DC형 퇴직연금의 경우에도 퇴직연금운영위원회에서 퇴직연금상품 풀(pool)에 사회책임투자 원칙을 적용한 퇴직연금상품을 일정 개수 이상 또는 일정 비율 이상 포함할 것을 결정할 수 있다. 사회책임투자를 적용할 위탁운용사와 위탁운용상품 선정을 위한 일반적인 절차 및 심사 기준을 결정할 수도 있다.

DB형과 DC형 모두 사회책임투자를 적용할 위탁운용상품의 투자설명서(간이투자설명서 포함)와 자산운용보고서에 사회책임투자 원칙 적용 사실과 그에 따른 자산운용 과정의 특징 및 성과를 명시하도록 요구할 수 있다.

2) 외부 전문기구의 활용

퇴직연금운영위원회는 사회책임투자 원칙의 적용과 이행, 위탁운용사 선정 및 관리의 전문성을 제고하기 위하여 외부 전문기구를 활용할 수 있다. 또한 위탁운용사 또는 위탁운용상품(집합투자기구)으로 하여금 외부 전문기구를 활용할 것을 요구할 수 있다. 연기금 등이 자산운용을 외부에 위탁하는 경우 위탁운용사 선정·계약·점검·평가를 담당할 외부 전문기구를 활용하는 사례가 많다.

외부 전무기구의 활용이 수수료의 증가를 가져오지는 않는다. 퇴직연금 상품 수수료 중 집합투자업자 보수 내에서 외부 전문기구 활용이 충분히 가능하다. 외부 전문기구가 투자대상 기업 종목에 대한 분석 및 투자 유니버스 제공 등 자산운용역(펀드매니저)이 수행해야 할 역할을 상당한 정도로 분담해 주기 때문이다.

사회책임투자 원칙의 적용 및 이행과 관련하여 외부 전문기구로 하여금 다음과 같은 역할을 수행하게 할 수 있다.

① ESG분석 및 스크리닝, 사회책임투자 유니버스 제공

외부 전문기구는 위탁운용사가 자체적으로 갖추기 힘든 ESG 조사·분석의 전문성을 갖추고 다양한 사회책임투자 유형에 따라 투자 유니버스(※25)를 제공하는 역할을 수행할 수 있다.

※25 사회책임투자 유니버스(universe): 스크리닝, 베스트-인-클래스(Best-in-Class), ESG 통합, 테마 투자, 임팩트 투자 등의 방식을 이용하여 선정한 사회책임투자 대상 후보기업 목록을 말함.

○ 스크리닝(Screening): 특정한 기준에 따라 관련 산업이나 종목을 투자대상에서 배제(Negative)하거나 특정한 기준에 부합하는 산업이나 종목(Positive)에만 투자하는 방식
○ Best-in-Class: 특정 산업 내에서 ESG 우수기업에 투자하는 방식
○ ESG 통합: 환경, 사회, 지배구조의 위험을 전통적인 재무 분석과 통합하여 투자대상을 선정하는 방식
○ 테마 투자: ESG 관련 특정 이슈를 분석하여 투자대상을 선정하는 방식
○ 임팩트 투자: ESG 관련 문제 해결과 비재무적 목표 달성에 가중치를 두어 투자대상을 선정하는 방식

② 의결권행사 등 주주권행사 자문

퇴직연금 자산의 의결권 행사를 비롯한 주주권 행사는 퇴직연금의 최종 수익자인 가입 근로자에게 이익이 되도록 신의에 따라 성실하게 행사되어야 하며, 장기적으로 주주가치 증대에 기여하는 방향으로 행사되어야 한다. 아울러 사회책임투자 원칙을 도입한 경우에는 추가적으로 환경(E), 사회(S), 지배구조(G) 등 사회책임투자 요소를 고려하여 행사되어야 한다.

사회책임투자 원칙 도입 초기에는 소극적 주주권 행사인 의결권 행사로부터 시작하겠으나 점차 공개적·비공개적 영향력 행사를 비롯하여 주주제안 등의 적극적인 주주권 행사를 강화하는 방향으로 진전하리라고 본다.

이 때 외부 전문기구는 소극적인 의결권 행사에서부터 적극적인 주주제안 등의 주주권 행사에 이르기까지 최종 수익자 관점에서 그 내용과 절차, 방법 등에 대하여 사회책임투자의 원칙을 준수할 수 있도록 자문·관리·감독·평가하는 역할을 수행할 수 있을 것이다. 사전적으로 의결권 행사지침을 제시하고 이의 준수 여부를 관리·감독할 수도 있다.

③ 사회책임투자 이행 모니터링 및 성과평가

외부 전문기구는 사회책임투자를 적용한 위탁운용상품의 자산운용을 지속적으로 관리·감독·평가하게 하고, 퇴직연금운영위원회는 이 결과를 바탕으로 위탁운용사에 개선책을 요구하거나 자산배분을 재조정하는 의사결정을 할 수 있다.

또한 위탁운용사가 포트폴리오 구성 및 주주권 행사 등 사회책임투자 이행 과정에서 직면할 수 있는 이해상충을 예상하고 이를 최종 수익자인 근로자의 이익 관점에서 완화·회피하려는 노력을 요구할 수도 있을 것이다.

3) 감독이사의 역할

사회책임투자 원칙을 투자회사 형태의 집합투자기구인 퇴직연금상품에 적용하게 된다면 감독이사 추천권을 행사하고 감독이사를 통해 사회책임투자 원칙 준수 여부를 감독하게 할 수 있다.

퇴직연금상품 자산의 포트폴리오가 운용계획서에 명시한 장기적이고 안정적인 투자지침을 어느 정도 준수하고 있는지를 점검할 수 있다. 특히 포트폴리오가 외부 전문기구로부터 제공된 사회책임투자 유니버스를 어느 정도 준수하고 있는지를 점검·감독할 수 있다. 또한 위탁운용사가 포트폴리오 구성 및 주주권 행사 등 사회책임투자 이행 과정에서 최종 수익자인 근로자의 이익과 상충하는 행위를 하지 않았는지 여부를 감독하는 역할을 할 수 있다.

감독이사는 위탁운용사와 위탁운용상품의 업무 집행과 재산상황을 파악하기 위하여 필요한 경우 위탁운용사, 신탁업자, 사무관리회사 등에게 업무 및 재산상황에 관한 보고를 요구할 수 있다.

7 정부 및 국회와 더불어 개선할 입법과제들은 무엇인가

이 책의 전반에 걸쳐 저자는 지난 10여 년간 퇴직연금 도입 초기의 문제점과 편견들이 정부와 퇴직연금사업자인 금융업계가 주도한 것으로부터 비롯하였음을 지적했다. 또한 향후 산업별로 또는 지역별로 연대할 수 있는 초기업 단위의 노사가 주도함으로써 이러한 문제점과 편견들을 극복할 수 있다는 점을 주요하게 다루었다. 만약 정부가 지난 10여 년간 퇴직연금사업자를 비롯한 금융업계의 이해관심사를 주로 대변하는 정책 기조에 머물렀던 자세에서 벗어나 향후 퇴직연금의 수익자 관점으로 정책 기조를 변화시킨다면 퇴직연금 제도 도입 취지에 맞는 상당한 변화가 가속화될 수 있을 것이다.

근로자의 안정적인 노후생활을 보장함으로써 우리 사회에 이미 깊숙하게 자리 잡은 노인 빈곤의 위험을 완화시키면서도 금융 산업을 건전하고 지속적으로 발전시키고 정부의 감독·규제 비용을 완화시킬 수 있는 정책들을 도모해야 할 때이다.

이 절에서는 앞선 장들의 각 절에서 문제점과 편견을 극복하기 위하여 제시했던 개선방안들 중에서 정부 및 국회와 더불어 도모해야 할 입법과제들을 첫째, 최종 수익자인 근로자의 권리 보호 측면, 둘째, 기업 노사의 자율적 제도 선택 폭 확대 측면, 셋째, 퇴직연금 납입 및 연금 수령 시 혜택 확대 측면, 넷째, 퇴직연금 사각지대 해소 측면, 그밖에 개선 검토 과제로 나누어서 간략히 살펴보고자 한다.

1) 최종 수익자인 근로자의 권리 보호

① DB형 사외적립 비율(기준책임준비금 대비 최소적립비율) 100% 이상 의무화

근로자의 퇴직연금 수급권은 DB형이냐 DC형이냐 라는 제도 유형이 아니라 얼마나 완전 적립했는가에 달려있다. 정부와 금융업계가 부추기고 있는 투자성상품으로의 자산운용 변화 역시 완전 적립을 초과하는 적립 상태에서 수익자 특성 진단을 바탕으로 도모하는 게 마땅하고 금융 윤리에도 부합한다. 최소적립비율이 100% 미만인 상태에서 투자성상품으로의 자산운용 변화를 부추긴다면 이는 정부가 나서서 근로자의 퇴직연금 수급권을 위협하면서 금융업계의 금융 윤리 위반과 기업의 도덕적 해이를 조장한다는 비판을 면하기 어렵다.

따라서 2018년 이후의 DB형에 대한 기준책임준비금 대비 최소적립비율은 100% 이상으로 고용노동부령을 정해야 한다. 제1장 제4절 1)의 ①, 제2장 제1절, 제3장 제3절 1)과 2)에서 논의한 내용을 참고하기 바란다.

② 퇴직연금운영위원회 설치, 운용계획서(IPS) 의무화

퇴직연금운영위원회의 설치·운영은 퇴직연금 수익자인 산업별·지역별·기업별 노사 중심으로 지배구조를 마련하는데 필수적이다. 기금형인가 계약형인가, DB형인가 DC형인가와 관계없이 퇴직연금운영위원회를 노사 주도로 설치해야 한다.

DB형이라면 규모와 관계없이 운용계획서(IPS)를 의무화해야 한다. 이때 기업의 투자 특성을 제대로 진단하지 않고 투자위험을 부추기는 자산운용 정책을 수립하지 않도록 각별히 유의하여야 한다. DC/IRP형의 경우에도 퇴직연금운영위원회는 근로자들의 은퇴 이후 연금설계와 투자특성 진단에 기반한 퇴직연금 자산운용이 이루어지도록 모든 근로자에게 공통적으로 적용할 내용들을 운용계획서로 수립할 수 있을 것이다.

이 장 제1절 1)과 2), 제5절에서 논의한 내용들을 참고하기 바란다.

③ 예금자 보호 확대

예금자보호법은 DC형과 IRP 원리금보장상품에 대하여 예금자보호제도를 적용하고 있다. 현재 1인당 보호금액은 원금과 소정의 이자를 합하여 예금자 1인당 최고 5,000만원이다. 퇴직연금 제도의 취지와 1인당 자산 규모가 점점 확대될 것이라는 전망을 고려하면 5,000만원 한도를 확대하는 입법 조치가 필요하다. 물론 원리금보장상품을 선택한 근로자들이 예금자보호한도 내에서 다수의 금융회사에 분산 예치하려는 노력도 필요하다. 제2장 제4절의 논의를 참고하기 바란다.

④ 급여명세서 지급 의무화

퇴직연금의 수급권을 강화하기 위해서는 퇴직연금의 과소·불완전 적립을 검증하는 게 필수적이다. 그리고 정부의 감독·규제 비용을 완화함과 동시에 기업과 퇴직연금사업자의 도덕적 해이나 충실의무 위반을 회피·예방할 수 있는 가장 좋은 과소·불완전 적립 검증 방안은 근로자들이 자신의 권리에 근거하여 스스로 과소·불완전 적립 여부를 검증할 수 있는 수단을 제공하는 것이다.

급여명세서와 퇴직급여 산정내역서가 의무적으로 지급된다면 가장 바람직한 방안이 될 것이다. 그밖에 노동조합을 비롯한 근로자 대표기구의 퇴직연금 과소·불완전 적립 검증 노력과 민관협력사업을 활용한 퇴직연금 과소·불완전 적립 검증 노력 역시 필요하다. 제1장 제6절의 논의를 참고하기 바란다.

2) 기업 노사의 자율적 제도 선택 폭 확대

① 기금형 퇴직연금 제도 입법

퇴직연금 도입 초기부터 노동계가 줄곧 주장해 온 연합형 기금제도를 도입하려는 정부의 입법예고는 환영할만한 일이다. 넓어진 제도 선택 폭을 이용하여 산업별·지역별·기업별 노사 중심으로 자율성과 창의성을 발휘하면서 노사가 주도하는 퇴직연금 지배구조를 마련하는데 기여할 수 있으리라 기대한다.

다만 기금형 제도에서 수익자 중심의 지배구조는 달성하지 못한 채 기금 관리비용과 퇴직연금 자산운용의 위험성을 증가시키고 근로자의 수급권을 심각하게 위협했던 사례들이 OECD 선진국들에서도 다양하게 나타났던 점을 감안해야 한다. 제1장 제1~4절의 4)에서 살펴본 내용들과 이 장 제1절의 논의를 참고하기 바란다.

② 표준형 DB 허용 입법

이번 기회에 정부는 표준형DB도 입법을 허용하여 노사의 제도 선택 폭과 자율성 및 창의성을 보장해야 한다. DB형이든 DC형이든 복수의 기업들이 자유롭게 표준형 퇴직연금을 설계할 수 있다면 기금형 제도가 발생시킬 대리인 문제와 관리비용 증가 위험을 줄이면서도 기금형 제도의 효과를 충분히 누릴 수 있다.

제1장 제2절 3), 제5절 2)에서 살펴본 내용들과 이 장 제1절의 논의를 참고하기 바란다.

3) 퇴직연금 납입 및 연금 수령 시 혜택 확대

① 세제혜택 확대

산업별·지역별·기업별 노사관계에서 기업과 근로자가 퇴직연금을 적극적으로 활용하게 하려면 세제혜택을 늘리는 조치가 필요하다.

DC/IRP형에 대한 세제혜택의 확대는 근로자가 스스로 노후생활의 안정성을 높이고자 퇴직연금에 대한 관심을 확대시키고 자발적인 추가 적립액 규모를 확대하는데 도움을 줄 수 있다. 또한 산업별·지역별·기업별 노사관계에서 근로자 생애복지를 강화하는 차원에서 개인연금 상품보다 실질 수수료와 서비스 등 여러 가지 측면에서 보다 만족할만한 개인 자산운용과 노후 연금설계 방안을 근로자들에게 제공하려는 노력을 유인할 수도 있다.

현재 300만원 한도인 퇴직연금 세액공제 한도를 더 늘릴 필요가 있고, 연금저축과 퇴직연금 추가분을 합한 연금계좌에 대한 세액공제 한도인 400만원 한도를 더 상향할 필요가 있다.

아울러 일시금으로 수령할 경우 대비하여 연금으로 수령할 경우의 세제혜택을 강화하여 연금 수령의 유인을 더욱 확대할 필요가 있다. 이는 퇴직연금을 노후 설계에 필요한 자산 축적 관점에서 접근하지 않고 노후에 필요한 연금 수입 충족의 관점에서 접근하도록 노후 설계를 정착시키기 위해서도 바람직하다.

DB형 대비 DC형에 대한 세제혜택의 확대는 근로자 수급권이 보다 명확한 DC형으로의 전환을 촉진할 수 있다. DC형이 기업, 근로자, 정부 3자의 관점에서 각각 갖는 장점에 대하여는 제2장 제2절 1)의 논의를 참고하기 바란다.

② IRP 자율적 추가 납입한도(현재 연간 1,800만원) 인상

퇴직연금 도입 초기인 만큼 중장년 근로자들의 경우 노후 연금설계가 충분히 되어 있지 않은 상태에서 은퇴 시기까지 퇴직연금을 활용한 노후 연금설계를 할 수 있는 투자가능기간이 짧은 게 현실이다. 이들에게는 위 ①에서 살펴본 세제혜택의 확대와 더불어 DC/IRP 계좌를 이용하여 자율적으로 추가 납입하는 금액에 대한 한도 인상을 해줄 필요가 있다.

4) 퇴직연금 사각지대 해소

위 3)에서 논의한 퇴직연금에 대한 세제혜택은 정부가 각 경제주체들에게 간접적으로 재정지원(조세지출)을 하는 것으로 볼 수 있는데, 퇴직연금이 국민연금과는 달리 순수 소득비례연금인 점을 고려하면 대부분 대기업과 고소득층 근로자에게 유리한 방식이다. 따라서 위 3)의 논의와 별도로 퇴직연금 제도 내에서 저소득층 근로자에게 소득재분배 기능을 가질 수 있는 재정지원 방안을 동시에 고려해볼 수 있다.

아래 ③, ④에서 논의하게 될 방안들은 순수 소득비례연금인 퇴직연금 제도에서 소득재분배 기능을 추가하여 공적 기능을 갖도록 할 수 있다는 데 중요한 의미가 있다.

① 사업장 규모별 단계적 또는 전면적 도입 의무화

앞서 제1장 제5절의 〈표14. 사업장 규모별 퇴직연금 도입 현황〉과 〈표15. 퇴직연금 수령 유형별 현황〉에서 노후설계의 부익부빈익빈 현상을 살펴본 바 있다. 우리 사회의 고령화 속도와 노인 빈곤율을 고려한다면 퇴직연금의 사각지대를 해소하려는 노력은 매우 시급하고도 절실하다.

퇴직급여를 후불적 부채로 남겨두지 않고 퇴직연금 적립 부담을 임금총액 재원의 범위 내에서 매년 고려하도록 기업의 인식을 바꿀 필요가 있다. 근로자들 또한 스스로 노후 연금설계를 함으로써 자신의 장수위험을 관리하게 할 필요가 있다.

물론 퇴직연금 가입 의무를 단계적으로 또는 전면적으로 법제화한다고 해도 모든 기업 노사가 퇴직연금에 가입할 것이라고 기대하기는 어렵다. 다만 정부와 노동계는 퇴직연금의 사각지대에 놓인 근로자들에게 퇴직연금의 중요성을 인식시키고 사각지대를 해소하려는 노력을 게을리 해서는 안 된다. 제1장 제6절 2)에서 논의한 민관협력사업을 적극적으로 활용하는 방안을 함께 검토할 필요가 있다.

② 1년 미만 근로자 퇴직급여 지급 및 퇴직연금 가입 의무화

퇴직연금 사각지대를 해소하려면 위 ①의 모든 기업에게 퇴직연금 가입을 의무화하는 조치 외에도 모든 임금근로자에게 퇴직연금 가입을 의무화하는 조치가 필요하다. 2016년 6월말 기준 퇴직연금 가입자 수는 619만명으로 2015년 전체 임금근로자 1,923만명 대비하여 32.2%, 전체 상용근로자 1,259만명 대비하여 49.2%에 머무르고 있다.

모든 기업에게 퇴직연금 가입을 의무화하는 조치로 전체 상용근로자 1,259만명이 퇴직연금에 가입한다 하여도 여전히 임금근로자의 34.5%인 664만명은 퇴직연금의 사각지대에 놓이게 된다. 더구나 이들은 대부분 저소득층 근로자들이란 점에서 공적 연금 또는 개인연금을 통해서 이들의 적정한 노후 연금설계를 해결하기란 사실상 불가능하다.

따라서 1년 미만의 근로계약기간을 갖는 모든 근로자에게도 근속기간에 비례하여 퇴직연금 가입을 의무화하고, 퇴직연금 적립 시 정부의 재정 지원을 일정 부분 도모하는 정책을 수립할 필요가 있다.

③ 중소기업퇴직연금기금 가입 노사의 참가비 면제 및 수수료 인하

중소기업의 퇴직연금 도입비율이 낮은 이유는 이 장 제1절 4)에서 간략히 살펴보았다. 중소기업퇴직연금기금 설치·운영을 통해서 중소기업의 퇴직연금 도입률을 높이고 사각지대 해소에 기여하기 위해서는 중소기업 노사의 퇴직연금에 대한 인식 전환과 더불어 중소기업 사업주의 재정적 부담을 완화하려는 노력이 필요하다.

중소기업퇴직연금기금에 가입하는 노사에 대하여는 참가비(퇴직연금사업자 운용관리수수료에 해당)를 면제해 주고 자산관리수수료 부담 역시 인하하려는 노력이 대표적이다.

④ 중소기업 및 저소득층 근로자 재정지원

일정한 소득수준 미만의 중소기업 근로자들을 대상으로 기업 부담금의 일부를 정부가 지원하거나 기업 부담금에 덧붙여 일정금액을 정부가 추가 납입해주는 방식의 정부 재정지원 정책을 수립할 필요가 있다. 또한 중소기업 노사가 매칭(matching)의 방식으로 퇴직연금 추가납입을 설계하는 경우 중소기업과 근로자의 매칭 부담금 중 일부를 정부가 지원하는 방식을 검토할 수도 있다.

국민연금은 소득계층간·세대간 소득재분배 기능을 가진 반면 퇴직연금은 순수 소득비례연금이다. 퇴직연금에 대한 세제혜택을 비롯한 각종 혜택은 근로자의 안정적인 노후 설계를 도모할 수 있는 유인책임과 동시에 대기업과 고소득층 근로자에게 유리한 방식으로 작동하여 소득불평등을 더욱 심화시킬 수 있는 요인을 안고 있는 셈이다. 따라서 중소기업 및 저소득층 근로자에 대한 퇴직연금 재정지원은 소득재분배 기능을 통해서 기울어진 조세 형평성을 바로잡기 위한 조치로 해석하고 적극 추진할 필요가 있다.

5) 기 타

① 위험자산 투자한도 축소(40~50%)

퇴직연금 자산운용의 역사적 경험이 풍부한 미국과 유럽의 사례와 최근 경향, 우리나라 국민연금의 자산운용 사례를 참고한다면 현재 70%인 퇴직연금의 위험자산 보유한도는 40~50% 수준으로 대폭 하향 조정하는 게 바람직하다. 수익자에 대한 투자특성 진단 관행과 금융 윤리가 올바로 서 있지 않은 상태에서 정부의 고위험 권유 정책이 왜 자본시장 부양 의도로 비난받고 있는지를 되새겨보아야 한다. 제1장 제2절과 제4절, 제2장 제6절의 논의를 참고하기 바란다.

② 퇴직연금 중간정산의 엄격한 제한

퇴직연금의 도입 취지를 고려하면 퇴직연금 중간정산 사유는 점차 보다 엄격히 제한할 필요가 있다. 아울러 현재 허용하고 있는 퇴직연금 중간정산 사유들은 주택정책의 변화, 교육정책의 변화, 건강보험의 보장성 강화, 저소득층 생활안정지원정책 등을 통해서 장기적으로 해소해 나갈 필요가 있다.

③ 최소수익률 제도에 대한 검토

현재 퇴직연금 투자성상품의 투자 위험은 전적으로 수익자인 기업(DB형)과 근로자(DC형)가 부담하고 있다. 최소수익률 보장 제도는 일정한 기준에 따라 투자 위험을 퇴직연금 수익자와 퇴직연금 자산운용의 주체인 금융회사가 나누어 갖도록 하는 제도이다. 이 때 최소수익률이 양(+)의 값을 가져야 하는 것은 아니므로 주의가 필요하다. 퇴직연금 투자자이자 수익자인 기업과 근로자에게는 합리적인 투자위험을 부담하게 하면서도 자산운용 금융회사가 단기 성과주의의 도덕적 해이에 빠져 과도한 투자위험을 발생시키지 않고 수익자에 대한 충실의무를 성실히 지키게 하려는 게 목적이다. 반면 자산운용 금융회사가 투자위험 대비 자산운용 수익률을 최대화하려는 노력에 소극적일 수 있으므로 오히려 수익자에 대한 충실의무를 소홀히 하는 계기가 될 수도 있다.

제1장 제4절에서 논의한 '투자특성 진단 소홀과 고위험 권유'를 개선할 수 있는 정책들을 우선적으로 수립·시행한 이후에 최소수익률 제도 도입 논의는 신중하게 이루어질 수 있기를 바란다.

④ 임금채권보장제도 퇴직급여 보장연한 확대에 대한 검토

임금채권보장제도의 퇴직급여 보장연한을 3년에서 더 확대하는 것은 기업의 도덕적 해이를 키울 수 있다는 점에서 저자는 부정적 견해를 갖고 있다. 노동계가 퇴직연금의 과소·불완전 적립 검증과 개선을 위한 노력을 적극적으로 할 것을 우선적으로 주문한다.

⑤ 연금지급보증공사 설립에 대한 검토

DB형 퇴직연금에 대한 연금지급보증 정책이 기업과 금융업계의 도덕적 해이를 키우고 결국 그 부실의 책임을 정부를 매개로 국민 일반에게 조세부담으로 떠넘길 수 있다는 점에서 저자는 부정적 견해를 갖고 있다. 제1장 제4절 1)의 ①과 2)에서 논의한 내용을 참고하기 바란다.

저자소개

김 창 희(**e-mail.** chkim68@naver.com, **MP.** 010-9255-6762)

1991년 서울대학교 철학과를 졸업했다. 외국계 컴퓨터기업에서 금융부문 시스템엔지니어로 약 10년간 일했다. 데이터베이스(DB)와 온라인 시스템 설계를 주로 담당했다. 2년간 노동조합 위원장을 맡아 30일간 파업을 이끌기도 했다. 2003년부터 3년간 전국사무금융노동조합연맹 정책기획실장을 역임했다. 2008년 공인노무사가 되었고 2013~15년 사이 한국공인노무사회 사무총장과 이사를 역임했다. 2010년 사회책임투자 자문기업을 설립하고 대표이사로 수년간 운영하기도 했다. 2015년 CFA(국제공인재무분석사) 자격을 취득했다. 현재 노무법인 사람 소속 공인노무사로 활동하고 있다. 퇴직연금과 더불어 소수주주권과 우리사주조합을 결합한 주주운동 등 사회적 책임을 증진시키는 활동에 깊은 관심과 애정을 갖고 있다.